读懂孩子的心

（插图升级版）

雪松 / 编著

成都地图出版社

图书在版编目（CIP）数据

读懂孩子的心：插图升级版／雪松编著. — 成都：
成都地图出版社有限公司，2021.1（2023.6 重印）
ISBN 978-7-5557-1619-8

Ⅰ. ①读… Ⅱ. ①雪… Ⅲ. ①家庭教育－教育心理学
Ⅳ. ①G780

中国版本图书馆 CIP 数据核字（2020）第 261220 号

读懂孩子的心（插图升级版）
DUDONG HAIZI DE XIN（CHATU SHENGJI BAN）

编　　著：雪　松
责任编辑：魏小奎
封面设计：松　雪
出版发行：成都地图出版社有限公司
地　　址：成都市龙泉驿区建设路 2 号
邮政编码：610100
电　　话：028-84884648　028-84884826（营销部）
传　　真：028-84884820
印　　刷：三河市众誉天成印务有限公司
开　　本：880mm×1270mm　1/32
印　　张：6
字　　数：136 千字
版　　次：2021 年 1 月第 1 版
印　　次：2023 年 6 月第 5 次印刷
定　　价：36.00 元
书　　号：ISBN 978-7-5557-1619-8

　　孩子是一个鲜活的生命体，他们有自己的想法，也有自己的喜怒哀乐。"我都跟你讲过多少次了""你怎么总是不长记性啊""你怎么就不能好好学习呢"，相信不少父母都说过类似这样的话。

　　父母这个角色，在孩子的成长过程中至关重要，甚至在某种意义上决定着孩子的前途命运。父母是孩子的第一任老师，从孩子出生开始，父母的一举一动带给孩子的都是最直观、最有效的经验指导。孩子是敏锐的，他们擅长捕捉父母的喜好，然后不动声色地学习、模仿、调整自我。父母错误的教育方式，往往会使孩子误入歧途；而父母正确的言传身教，能帮助孩子功成名就，这就是家庭教育的作用。

　　孩子是一本无字的书，父母在解读孩子的成长问题时，应该注重从"心灵"入手，而非单纯地从"行为"入手。家庭教育实际上就是一门"动心"的艺术，父母在教育孩子时，应该懂得读懂孩子的心，而读懂孩子的心很关键的一点就是要走进孩子的心里，了解他的心理，知道他在想什么，"对症下药"，对孩子施以正确的、有效的教育，这样才能培养出健康并卓越不凡的孩子。

请不要说"反正我已经尽到做父母的责任了",那么你真的尽到教育好孩子的责任了吗?不要以教育的名义伤害孩子,你的言行可能会贻误孩子,甚至给孩子的心灵造成难以弥补的伤害。教育孩子是一个复杂的体系,教育没有一劳永逸的方法,也没有一成不变的破解之道。所以,父母要不断学习、不断进步,要根据自己孩子的情况不断摸索和改进,找出适合自己孩子的教育之道。

本书内容贴近现实生活,科学实用,书中收录的一些实例,极具参考价值,是父母了解孩子心理、塑造最棒孩子的好帮手。每个孩子都是珍贵的存在,每个孩子都可能成为天才,而每个孩子的父母都可能是培养天才的"教育家"。父母不能仅仅关注孩子智力的开发和身体的成长,更应该关注孩子心理上的健康。最后,衷心祝愿每一个孩子都能受到最好的教育,都能健康、快乐地成长。

2020 年 9 月

目录
contents

1

2

4

第一章

学会做聪明的父母

努力营造民主和谐的家庭氛围

"挑剔中成长的孩子学会苛责；敌意中成长的孩子学会争斗；讥讽中成长的孩子学会羞怯；羞辱中成长的孩子学会愧疚；宽容中成长的孩子学会谦让；鼓励中成长的孩子学会自信；赞扬中成长的孩子学会自赏；公平中成长的孩子学会正直；支持中成长的孩子学会信任；赞同中成长的孩子学会自爱；友爱中成长的孩子学会关爱。"可以说，孩子是在环境的影响下成长的。孩子早期大约有 2/3 的时间要在家庭中度过，而且几乎完全依赖于成人，所以家庭环境对孩子的成长有着相当重要的影响。

有人把家庭比作人生之海中的一只小船，孩子凭借父母之船遮风挡雨，劈波斩浪。可以说，父母是孩子人生的第一任老师，父母对孩子的影响，有时决定了孩子一生的命运。权威机构的多年研究表明，父母教养孩子主要分为以下几种类型。

1. 期待型

父母不顾孩子的天赋和意愿，把自己的夙愿寄托在孩子身上，希望孩子完全按照父母臆想的要求和标准去做，这样的父母对孩子往往期望值过高。倘若父母持有这种态度，而孩子的能力不能达到父母的要求，就容易使孩子意志消沉、自卑、冷漠，没有活力，缺乏自制。

2. 溺爱型

父母对孩子的要求、主张、意见无条件接受，对孩子过分喜爱，想尽一切办法迎合孩子的要求，即使孩子做了错事、坏事也要为其申辩。这种以孩子为中心的家庭容易对孩子的性格和情绪发展造成扭曲，即使微小的要求未能得到满足，或稍遇挫折，也会使他们哭泣、叫喊、胡闹，缺乏自我控制能力；他们往往以自我为中心，适应周围环境和社会的能力极弱，缺乏独立性和创造性，缺乏忍耐力，信赖性较强，追求某些强烈刺激，对人对己、对事对物缺乏责任心，经常期待他人的帮助。

3. 严厉型

父母对孩子虽有疼爱，但常以严厉、顽固、强迫的态度去禁止、命令、训导孩子。这类父母往往严格控制孩子的一举一动，要求孩子绝对服从自己的意志和愿望，稍不如意，就对孩子进行责骂或呵斥。倘若父母持这种态度，就容易使孩子对学业成绩、各种训练具有反抗情绪，产生厌学、无责任心、不合群等行为和现象，进而导致他们的非社会行为或反社会行为的产生，或只是表面上唯命是从，实际逃避现实，最终成了一个阳奉阴违的人。

4. 干涉型

干涉型与期待型有相似之处，即父母为了能使孩子变得更好，事无巨细地去照顾孩子，不吝唇舌地终日唠唠叨叨。这种教养类型下的孩子身心发育迟缓，情绪不稳定，遇到挫折容易失去控制，忍耐力较差，总想推卸责任。因受大人过多照顾与保护，影响了和同龄孩子的接触，因而成熟也较迟缓，依赖性较强，性格较冷淡、孤僻，做事权宜敷衍，不善于独立思考，缺乏远大目标和理想。

5. 矛盾型

父母当中的某一方，对于孩子的同一行为，有时斥责、禁止，但有时却宽恕、勉励。在不同时间和不同场合对孩子的教育态度前后矛盾，或者父母的态度不一致，如母亲斥责孩子而父亲却充当港湾，使孩子陷入矛盾和混乱。

在这种养育态度下，孩子行为没有规律，情绪不稳定，经常处于紧张不安状态。虽有时受到优待，但却因不知什么时候因为什么可能会被父母训斥而常常焦虑。

在这种分歧态度养育下的孩子，被两种权威、两种命令和意图夹持中间，往往使孩子处于无所适从的地步，造成精神上的极度不安。特别是父亲严厉而母亲过于保护时，孩子大多有激烈的反抗性，有时甚至会出现反社会的倾向。

在一些家庭里，母亲是家庭权威，父亲处于服从地位。在这种家庭环境中，孩子容易轻视父亲，怨恨母亲，或者男孩有女性倾向，而女孩会男性化。

6. 民主型

父母之间感情和谐，家庭气氛融洽，对孩子温柔、关心，给孩子必要的帮助和鼓励；能够设法了解孩子，能和孩子经常沟通，感情和谐；尊重孩子的人格和权益，给孩子适当的独立和自由，鼓励孩子发表自己的见解，要他们学会自己解决自己的问题，让孩子感受到家庭的责任。总之，民主型的原则就是"指导而不支配，自由而不放纵，尊重而不溺爱，鼓励而不怂恿"。

在民主型的家庭中，孩子会变得合作、友善、自律，有较好的适应能力，能最大限度地锻炼出独立性、积极性、创造性和社会责任感，孩子会更活跃、开朗而外向。

父母都期望把自己的孩子培养成为自信、自强、有道德、有能力的人。那么，父母应该从自身做起，为孩子营造一个良好的家庭环境。有学者在调查的基础上总结了10条各国儿童对自己的父母和家庭的重要的要求：

（1）孩子在场，父母不要吵架。

（2）对每个孩子要一视同仁。

（3）不能对孩子失信或撒谎，说话要算数。

（4）父母之间要谦让，不要互相责难。

（5）父母对孩子要关心，关系要亲密。

（6）孩子的朋友做客时要真心欢迎。

（7）对孩子不要忽冷忽热，不要发脾气。

（8）要尊老爱幼，重大事项决定前要征求家庭成员的意见，要有家庭民主。

（9）家里要有文体活动，星期天至少玩半天。

（10）父母有缺点或做错事，孩子可以指出来。

实际上对上述10条作一个归纳，就是要为孩子创造一个轻松、和谐、民主和充满爱的家庭环境。

首先，正确理解父母威信的真正含义。孔子曰："其身正，不令而行；其身不正，虽令不从。"父母的威信是父母和孩子之间的一种积极的、肯定的相互关系，这种关系的基础，是父母对孩子的尊重与孩子对父母的爱戴，不是训斥与听命、支配与服从的专制式的"威信"。在生活中，父母对孩子的关心与帮助，对孩子人格的尊重与信赖，可引发孩子内心深处的真诚感激，并努力按照父母的期望去做。这样，父母和孩子之间就会慢慢形成一种亲密的关系，父母在孩子的心目中，也就自然而然地具备了一种建立在威信基础上的巨大教育力量。由此，创建家庭民主氛围，不仅不会有损父母的威信，反而更有利于培养孩子的独立性，有利于孩子天性的自由发展和健康人格的塑造。

其次，尊重孩子的人格，给孩子个人自主权，维护孩子自尊心。在教育孩子尊重父母、尊重他人的同时，父母也要尊重孩子，不能把孩子看成是自己的附属物，而是应该把孩子当作一个独立的个体，尊重孩子的人格。在与孩子交谈、讨论问题时，持平等认真的态度，要尊重孩子的爱好、兴趣，语言要平和、亲切，不要粗暴地训斥孩子。即使在孩子做错了事的时候，也要晓之以理，循循善诱，维护孩子的自尊心，尊重孩子的意愿，让孩子积极参与家庭的各种活动，并鼓励孩子提出自己的意见和想法。父母在倾听孩子的意见后，对孩子的正确想法和行为应给予充分的肯定。

再次，父母之间要互敬互爱、互谅互让。父母是孩子的第一任老师，一言一行都对孩子有着潜移默化的影响。因此，父母之间要有民主作风，即使发生矛盾或者摩擦时，双方也要心平气和地妥善处理，而不能当着孩子大吵大闹，拳脚相加，不能用粗暴的方式解决问题。只有夫妻和睦，才能创造温馨的家。

最后，要明确告诉孩子其所拥有的权利。孩子作为一个独立的个体，作为家庭一员，他应该拥有自己的权利，同时，也必须承担一定的义务。因此，父母应该在恰当的时候明确地告诉孩子，他拥有的家庭权利和必须承担的家庭义务。

你是否真正了解自己的孩子

作为父母，你是否真正了解孩子呢？你是通过什么样的方式了解自己的孩子的呢？

有时父母因不十分了解孩子，所以在理解孩子方面也不十分准确，造成了父母与孩子沟通不畅。例如，孩子有可能不顾父母忙闲，不断地提出各种问题进行打扰。这时，父母可能会产生错误的理解，认为孩子需要帮忙，但其实这时候孩子也许只是想要得到家长的注意。如果父母平时很了解自己的孩子，这时又能准确领会孩子的意图，那么可以抱抱孩子，或给孩子一个吻，表示一下对孩子的爱也就足够了。孩子也会理解父母通过这一动作表明他们虽然忙，但还是很爱自己的，就会停止对父母的干扰。

又如，孩子犯了错误，父母应该用哪种方式教育更为合适也是不容易掌握的。正确地运用各种教育方法，及时纠正孩子的错误观点非常重要。关键是让孩子明白自己错在哪里，并使孩子从心里赞同父母的处理方式。若不能让孩子认识到自己的错误，即使他改正了错误行为，他也只会认为是自己争不过你，才不得不改正。这种情况下若父母不及时与孩子交流沟通，那么孩子就有可能产生消极情绪。

　　很多自以为是的家长只是徒有虚名，他们并不真正了解自己的孩子，也不愿花时间在这方面多下些功夫，他们往往只是毫无客观根据地轻易而武断地认为他们的孩子是怎样一块待铸的而且是最好的钢坯。有时，父母宁肯花时间去与知己诉苦，诉说孩子"不听话"的种种言行或表现，却不愿和孩子进行一次长谈，倾听他们的看法与愿望，并努力进入其内心世界。我们应该懂得，每个孩子的性格都不相同，需要我们给予更多的关怀和更耐心的教育。除对孩子给予各方面的照顾和关怀外，还要注意认真从细小的方面进行观察。

　　每个孩子的性格都各不相同。有的生性腼腆、内向，有的活泼开朗，个性外露；有的孩子生性胆小，有的则从小就天不怕地不怕；有的孩子喜爱运动，整天不知疲倦地跑啊跳啊；有的则像只"病猫"，整天蜷在那里不爱动。作为父母，要注意认真观察

留意自己的孩子，这样才能更准确地了解孩子的性格，然后有针对性地采取有效的方法，去指导、帮助和鼓励自己的孩子。

在不同的家庭里，父母的教育方式也不尽相同。比如有的孩子很少被父母肯定，那么他的自信心就有被逐渐摧毁的可能；有的家长过分保护孩子，生怕碰着、生病或吃亏，结果却使孩子总是生活在大人的羽翼下，才能得不到锻炼和发挥，变得保守、懦弱，孩子的主观能动性被抑制，创造性思维被压抑。要知道父母在孩子身上给予过分的帮助，实际上是多余的。永远抱着孩子走，倒不如狠下心来早些让他们跌跌撞撞地自己走。

你的语言传递着你的价值观念

父母通过与孩子的言语交流，潜移默化地将自己的价值观念传递给孩子，包括什么是好的，什么是不好的；什么是可以的，什么是不可以的；什么是应该的，什么是不应该的；什么是提倡的，什么是不提倡的；等等。也就是说，父母在明确是非的前提下，在平时言谈中，要有意识地让孩子逐步认识和分辨，什么是大是大非，什么是无关痛痒的小事。

有些父母往往有时以"只许州官放火，不许百姓点灯"的"州官"身份向孩子发号施令，或者是提出一些与父母自身言行完全相悖的要求。如一方面要求孩子说话有礼貌、讲道理、尊重他人，另一方面自己对孩子说话时总是采取命令的、不尊重孩子的方式。事实上，想让孩子讲道理，父母自己首先就应该讲道理，而不是只训导孩子讲道理；想让孩子尊重别人，父母和孩子说话时首先就应该尊重他；想让孩子有礼貌，父母首先就应该对孩子说话有礼貌，而不是恶声恶气或歇斯底里。孩子很小时，父母关注、鼓励甚至是无条件地接受孩子的任何行为。但是，随着孩子年龄的增长，父母开始较多地指责和批评孩子，有时态度和语气也很恶劣。这往往会形成恶性循环，因为父母也许很快就会在孩子身上发现自己的影子，然而很多时候孩子又会因此而受到责备。

有的父母内心希望自己的孩子逞强能干，不被别人欺负，因此，每当自己的孩子欺负了别的孩子时，虽然表示不应该如此，但往往会笑着走到孩子身边，抱着孩子并温和地对孩子说："怎么能打人呢？"其实孩子会从父母这种温和的言语中得出结论："这是可以的，至少不是很严重。"因此，以后还会经常发生类似的情况。孩子的所作所为往往是成人价值取向的具体表现，所以，父母应对孩子的行为进行正确的价值指导。

改变你的语调，敞开你的心扉

　　大多数父母似乎都同意应当尊重孩子，但事实上，没有多少父母能真正做到。比如父母经常用一种语调同孩子讲话，而决不会用同样的语调来同朋友交谈。如果父母把对孩子讲过的话录下来认真地听一听，就会发现在很大程度上父母并不尊重孩子。因为父母总是以教训的口气、哄人的口气、引诱的口气来获得他们的合作。孩子即使和父母合作也往往不是发自内心的。如果父母认识到自己的教育方式是错误的，便应该开始改变自己。如果父母以平等的、像朋友谈话的语气来与孩子交谈，而不是对他们训话，多数情况下，就能顺利地与孩子交流思想了。如果父母总在批评教训、告诫、挑孩子的毛病，孩子只会更加苦恼，认为是父母不爱他、讨厌他，无形中和父母之间产生距离、隔阂，这样下去，交流的大门就会慢慢地关上了。

　　孩子有时会问："您是不是生气了？"你绷着脸说："没有。"然而你脸上的表情和语调却表示你仍在生气、在愤怒。要知道孩子是非常敏感的，他们能很快地分辨出你在讲话中所要传达的真正意思和态度。而我们成年人却往往并不敏感，没有意识到自己在同孩子讲话时运用了不恰当的语调，也没有考虑这种语调对孩子的心理将产生怎样的效果。

父母平素总是利用一切机会向孩子灌输一些听话的信条，企盼孩子事事按自己的意愿行事，只是要求他"做什么或是怎么做"，而不是让他从内心明白"为什么这样做"。如果在孩子还小的时候，我们就应有意识地培养与孩子的和谐交流关系。这种交流关系能否建立取决于我们是不是尊重自己的孩子，即使在我们与他们的意见不统一的时候，孩子也总是在无意识地观察，并将获得的信息"输入"到自己的思维体系中，然后按照他们的结论去作出相应的反应。孩子是有自己的内心世界的，如果由于某些原因从小没有和父母一起相处，或者没有经常交流的习惯，那么交流的大门就有可能会慢慢关闭。不要以为孩子年幼无知就劝孩子放弃自己的想法，并试图用自己的想法来改变和填充他们的头脑。我们想塑造孩子的性格和品质，好像他们只是一块很软的橡皮泥，任我们去"捏"。其实，在孩子看来，这就是被强迫和受制于人。但这并不意味着我们不能影响和引导他们，而只意味着我们不能强迫和命令他们。孩子的不听话甚至反抗，有时就来自于对这种被强迫和受制于人的对抗。

每个孩子都有自己的创造性，每个孩子都会对自己所遇到的事情作出反应，每个孩子都在努力塑造完善着自己。

作为父母，我们的责任是学会怎样去引导孩子。这就要求我们应对他们有细致的观察，了解他们的行为目的、情感愿望。如果我们真的认识到了孩子在想什么，那么这就意味着我们对孩子有了更深的理解。其实这并不难，因为孩子是很愿意表达和表现自己的。

如果我们自由地接受孩子的思想，与他们一块讨论，研究可能的结果，经常问"那样的话将会有什么情况发生""你会有什么感觉"，孩子就会感受到，在解决自己遇到的人生疑难时，自己有了同伴。另外，父母常向孩子问一些相关的问题也是传播思想的好办法。这种良性的交流关系会有长远的效果，许多人在他们成人之后仍然认为最好的朋友就是父母，和父母的交心使他们受益匪浅。

不向孩子透露自己的内心世界，只习惯于对孩子进行训导，却要求孩子向自己暴露一切，这种不平等的交流，当然不能取得好的效果。有些孩子到了一定年龄便不愿向父母吐露心事，而去和同龄人交流想法。同龄人的经历有限，经验往往肤浅，思想也不成熟，孩子们虽在一起有过所谓较深的交流，但大家都被同样的问题困扰，对解决问题并无多大帮助。但父母却因不平等的交流关系失去了与孩子进行交流、引导的机会，这对孩子的心理发展是一种妨碍和伤害。

父母向孩子敞露内心，表现了对孩子的尊重与依赖，加强了与孩子的情感联系。这种交流在孩子逐步成熟时尤为重要。十几岁是孩子成长较为关键的时期，父母与孩子间在感情上有密切情感联系的，就容易沟通，从而能有效地避免和解决青少年时期容易遇到的问题。

当孩子开始询问"爸爸你为什么不高兴？是不是工作上有了麻烦"之类话的时候，做父母的就应该认真考虑一下是否该与孩子认真谈一谈，谈多少，怎么谈。如果我们轻易一语搪塞地对孩子说"没有什么，很好"，或"不关你的事，快去玩你的去吧"，那就一下子拉开了父母与孩子之间的距离。孩子所得到的信息便是"父母的事与自己无关，只要与自己无关的事都不要管"。这就是父母不让孩子有爱心和责任心，就等于向孩子灌输了"各人自扫门前雪，休管他人瓦上霜"的极端自我的意识和观点。

父母和孩子谈谈自己的成功与失败，聊聊自己的计划与展望，这本身就是对孩子最生动、最实际的人生教育，同时也是父母对自身的反省与激励。生活中，每个人都可能遭遇坎坷与挫折，父母将自己的实践积累、经验教训传授、分享给孩子，这对孩子的人生来说是大有益处的。

学会做聪明的父母

　　做父母的太容易假定自己懂得孩子内心的想法，知道他们的感觉。父母往往忽略孩子心智上的不成熟，以及不同孩子之间的性格差异，而完全用成年人的观点来推断和要求孩子。事实上，与其训导孩子养成一个好习惯或者是改掉某些毛病，不如与孩子一起讨论，在讨论中让孩子懂得应该怎样，而不是单纯地要求孩子必须怎样。

　　与孩子就一件事情做一番讨论，可以帮助我们了解孩子对这件事情的真实感受与想法，继而提出我们认为正确的建议，同时又可以避免对孩子进行简单要求所引起的孩子情绪上的反感。

　　海迪总是忘记上课要用的用具，如果我们只是简单地训斥、教导，提要求说："你应当提前准备第二天上课应当带的用具，我已经说了很多次了，为什么你总是不改呢？"我们听听海迪可能会有什么反应呢。"又是这一套，我都快烦死了。"孩子原本有的惭愧被父母的一番训斥换成了一腔怨气。如果父母不是一上来就发脾气或指责，而是认真地寻问原因说："小迪，老师说你经常忘记带学习用具，今天又忘了，是这样吗？"当女儿承认后，父母继续问："你是不是有什么困难，记不住第二天要带什么用具，还是时间太紧来不及收拾？"这样的方式就不是一味提要求和训斥，而是以平和的态度尊重孩子，不主观臆断，愿意听听孩子的解释和看法。无论情况怎样，孩子是否有主要责任，这种尊重的态度，都能赢得孩子的合作。

当我们发现孩子与我们有不同的观点时，我们应当找时间与孩子认真地谈一谈，看看他们这种新的想法是否有不好的倾向。如果明知孩子有了新的想法，却不去与孩子及时交流，那么假如孩子的想法一开始就比较偏激，这种想法在他的头脑中发展下去，孩子便可能会在这种想法的支配下做出让人意想不到的事来，而且这种思想一旦经过认知强化便很难纠正。

在与孩子讨论他们的想法时，应当让他们尽情表达，并给予足够的理解。应避免讲出任何伤害他们自尊与感情的话，否则会阻塞进一步交流的渠道，使孩子存有戒心，不再愿意向我们敞开心扉。

在与孩子讨论的过程中，父母应当做好接受孩子会有与自己观点不一致的想法的准备。这需要父母有一定的修养与鉴别能力，能够看到孩子思想中的闪光点，对不能认同的想法，父母完全可以表述自己的立场，但不能完全否定他们的思想，而应当在尊重的基础上给他们时间进行自我反思。在阐明自己的看法后，我们可以说："这是我的想法，但你有权利按自己的思路去想问题。不用急于做决定，再想想看，或者再征求一下别人的意见。"这类话是很开放的，却有助于与孩子建立良好的关系。

在相互尊重和平等的前提下，每个人都愿意重新衡量自己的观点，搞清楚究竟谁的观点更符合实际，或更有道理，而不是简单的谁对谁错。父母要想引导孩子养成正确思考问题的习惯，就需要有这种耐心，而不是一味地强迫他们改正。

孩子们都在逐渐形成自己的一套逻辑思维系统，并以此指导自己的行为。一味地完全否定他们的想法，或不顾孩子的某种想法与其他思想的关联，毫不客气地加以指责，便会引发孩子的全面反抗。另外，对孩子已经认识到的错误，不应反复向他强调，这种重复也会引起逆反心理，使孩子更加固执地坚持自己的看法，不愿轻易屈服或因为父母的说教而改变初衷。

生活中的许多问题都可以通过讨论来解决。当然，有时用协商和征求意见的方式直接指出问题也是有益的。从讨论谈话中得到的信息可帮助父母决定下一步该怎么办。用简单粗暴的方法去纠正一个很明显的错误思想，是不能得到任何效果的，因为你没有给孩子自主思考与选择的机会。如果同孩子的讨论走入了歧途，孩子就不愿再继续讨论下去，因为他已经意识到你对他的观点持有异议，而正在做工作试图让他承认错误。这时，你可以先停止讨论，把问题放到一边，过一段时间再找机会谈。千万要记住，无论如何要避免做强制性命令。

合作只能赢得，不能强求。对孩子训话意味着告诉他你想怎样解决这个问题，表示你要求他绝对服从，让他像你一样思考问题。和孩子平等交谈，意味着你愿意和他一起寻找方法去解决问题。

与孩子一起讨论问题，给他机会阐述自己的观点，是否意味着孩子可以不听取父母的意见，父母失去了领导、影响孩子的地位呢？事实并非如此，一起讨论问题是为了共同找到解决问题的方法，在讨论过程中，父母可以用自己的观点和经验来引导和影响孩子的思考过程。

给孩子以成长需要的爱

　　心理学家费洛姆在经过长期研究以后，将爱的表现形态归结为四个方面：关心、尊重、理解、责任。

　　关心，就是对孩子的照料。年幼的孩子，饮食起居、学习、身体都需要父母的照料。父母不但要关心孩子的物质需要，也要关心孩子的精神需要。但需要特别指出的是，关心不是包办代替，不是越俎代庖，不是放任自流，不是一味溺爱，更不是过度保护、过度干涉。

　　尊重，就是平等地对待孩子，尊重孩子的人格、兴趣、意愿，而不压制他的个性。

　　有一位叫小明的小学生，特别爱好集邮，却遭到父母强烈反对："集邮有什么好，只会浪费你的学习时间，还浪费家里的钱。"父亲还说："不许你集邮了。"小明被惹怒了，顶了父亲一句："集邮有什么不好。"父亲火了："你还敢顶嘴？我把你的邮票烧了。"说着，便将邮册投进了炉火里。小明的心像刀割一般，这可是他

几年的积累！后来，在一次作文竞赛中，他把从邮票上学到的知识用到了作文上，获得了第一名！可他不想把这个喜讯告诉父母，因为父母的言行在他心中留下了阴影。

应该说小明的父母本意是好的，但他们没有尊重孩子的独立个性，剥夺了儿子的集邮爱好，把他们对前途、对成材的看法强加给儿子，认定集邮是浪费学习时间，并以居高临下的权威身份，以强迫和命令态度去处理儿子的个性爱好。

这种缺乏尊重的爱不能算是真正的爱。因为父母没有把孩子当成一个在人格上平等的、独立的人那样去爱。

理解，就是对孩子深入地了解。父母要能站在孩子的立场上想问题，分析问题。只有真正理解了孩子的困难、愿望和要求，爱才能落到实处。

正在读四年级的小丽放学回家就向妈妈抱怨："老师太狠心

了，这么多作业，真不想做了。"

妈妈走过去温和地问："都有哪些作业？"

"你看，数学计算题15道，应用题5道，还有语文课文背诵、问答题、小作文。"

"是太多了，考试前这些天够辛苦的。是否一定都要做？"

"那倒不是，有几个题，老师说来不及做的话可以不做。"

"那就先休息10分钟再做吧，反正不一定全做。"

"那怎么可以呢，不做的那几道题万一刚好考到呢？"

小丽边说边摊开书本、作业本，在温馨的氛围中认真地做起作业来。

其实，小丽并不是不想做作业，而是想求得母亲的理解。"真不想做"是她负面情绪的一种语言宣泄，并非她本意真的"不想做"。这位善解人意的母亲很快化解了女儿的烦恼。

责任，就是要对孩子负责，这是更高层次的爱。这种爱，渗透到生活的各个方面，无论孩子是俊是丑、智商是高是低、表现是好是差、身体是健康还是残疾，我们都要爱他，都要对他负责。

杭州有一位女孩叫杨洋，她是我国第一位通过平等竞争进入普通高校深造的聋人大学生。她之所以能冲破障碍、超越自我获得成功，就是因为有非常爱她的父母。

杨洋是4岁时由于耳毒性药物致聋的。但她的父母不认命：不能让女儿聋了又变哑。为了让女儿到普通学校读书，父母决定用汉语拼音教女儿说话。于是当工人的父亲每天下班回家，就教女儿"a—o—e"。可对声音毫无感觉的女儿，几百次发音就是几百种奇怪的声音，父亲总是耐心地边教边听、偶尔逮住一个较准的发音，就让女儿再发，可又是几百种千奇百怪的声音，父亲仍然耐心地教、耐心地讲……年幼的女儿不耐烦，恼了，父亲就拉着她的小手与她做游戏，表演有趣的故事。就这样，父亲教会了女儿一年级的语文、数学。好不容易进了普通学校，为了这来之不易的学习机会，父母竭尽全力腾出了最大的一间房，买来了小孩爱看的课外书、爱玩的扑克、象棋，准备了小零食、开水……以吸引女儿的同学放学后来家中学习和活动。这样可通过他们了解教学内容和进度以及老师的要求，从而有效地帮助女儿的学习和生活。

在父爱和母爱的关怀下，奇迹出现了，杨洋不但上了省重点中学，而且以优秀的成绩考上大学本科，成绩还保持在前三名！她通过竞选当上了系里的团委组织部副部长，在大学入了党。现在杨洋已参加工作，能用语言与人交流，真正融入了社会。

由此看来，父母对孩子真正的爱，应是孩子健康成长需要的爱。这种爱不以父母自己感觉"爱孩子"为标准，而是要看孩子是否感觉到。这种爱应是稳定的，像太阳一样永恒；是及时的，要求父母细心、敏感，当孩子需要时，能及时给予帮助和鼓励；是行动的，不仅仅是口头上的，更要用实际行动去体现。这样，孩子才会真正感受到父母发自内心的深沉的爱、可靠的爱。

◇ 给孩子需要的支持 ◇

是太多了，考试前这些天够辛苦的。是否一定都要做？

老师太狠心了，这么多作业，真不想做了。

那怎么可以呢，不做的那几道题刚好考到呢？

不一定都要做。

那就先休息10分钟再做吧，反正不一定全做。

小丽并不是不想做作业，而是想求得母亲的理解。"真不想做"是她负面情绪的一种语言宣泄，并非她本意真的"不想做"。这位善解人意的母亲很快化解了女儿的烦恼。

孩子加油！你一定可以的！

a-o-e……

重点中学

父母对孩子真正的爱，是孩子健康成长需要的爱。爱不仅仅是口头上的，更要用实际行动去体现。杨洋的父母就用爱帮助了女儿的学习和生活，孩子也感受到了父母真正的爱、可靠的爱。

高情商家教思维

1. 如何营造一个和谐的家庭氛围?

_____

_____

2. 你认为你真正了解自己的孩子吗?

_____

_____

_____

3. 你对自己孩子平时的言行满意吗?

_____

_____

4. 如何通过改变自己来改变孩子?

_____

_____

_____

5. 如何做一个聪明的父母来引导自己孩子的发展?

_____

_____

_____

6. 如何给孩子恰当的爱?

_____

_____

_____

第二章

让自信陪伴孩子成长

尊重孩子的幼稚行为

我们一心想让孩子成为最出色的青年，却不允许孩子用不同的方法去发现自己的能力，而是怀疑他们的能力，限制他们的发展。当4岁的孩子要帮忙包饺子时，父母经常夺过孩子手中的面饼说："小宝贝，你会把面粉弄得满身都是的。"为了不使面粉弄脏孩子的衣服，结果使孩子的自信心破碎。

孩子努力去发现自己的长处和能力，他们总想试着做些什么，好奇心驱使他们一次次地接受挑战，他们会跟在大人身后，大人做什么，他们就做什么。但我们却常常泼冷水：当4岁的孩子自己穿衣服的时候，我们说"穿错了，穿反了"；当他们自己吃饭时，我们说"看你把衣服弄得多脏"，然后把勺子拿过来，喂他吃，当孩子要洗碗时，我们说"别把汤勺打碎了"；当他们要帮我们拖地时，我们说"算了，你还小，你会把自己弄得水淋淋的"，然后我们把拖把夺过来自己拖，让他们茫然地瞅着……就这样，我们让他们看清楚了自己是多么的"不行"，我们是多么的"能干"。我们并不知道我们做的这些事正在打击着孩子的兴趣和积极性。

　　我们相信孩子长大后是能够干成事的，但他们现在还小，所以不需着急。我们忘记了从他们出生后，我们就急切地盼望着他们能跟我们笑一笑、挥一挥手，不厌其烦地教他们喊爸爸妈妈。我们就是在鼓励他们学习、行动。那时候，我们还有耐心、有意识，因为这些都不会给大人带来麻烦和干扰。一旦他们的行动给我们带来干扰与麻烦，我们就宁可等一等，等到"明天"再行其事。孩子有天生的主动性，他们从很小就认为自己能干一些事情。如果孩子总是跟在妈妈身后叫着："我要浇花，我要打鸡蛋，我要洗盘子，我要打扫屋子。"而妈妈却永远回答："宝贝，你太小了，去玩玩具去吧。"当孩子10岁的时候，妈妈说："孩子，来，帮妈妈把洗衣机里的衣服取出来，放在甩干桶里。"孩子可能会说："妈妈，我忙着玩游戏机呢。"或者他会说："先等一等。"结果一天过去了，他还是没做这件事，或者他会很奇怪，这种事情干嘛非扯上他……而父母还没明白，正是他们把孩子教育成这个样子的。

不要挖掘温柔的"陷阱"

有份报纸曾经刊载了这样一则消息：一位母亲为她的孩子伤透了心，她不得不去找专家咨询。

专家问："孩子系鞋带的时候打了一个死结，您是不是不再给他买带鞋带的鞋了？"母亲点了点头。专家又问："孩子第一次洗碗弄湿了衣服，您是不是不再让他走近洗碗池？"母亲点头称是。专家接着说："孩子第一次整理自己的床用了一个小时，您嫌他笨手笨脚对吗？"

这位母亲惊愕了，从椅子上站起来，凑近专家问："您怎么知道的？"专家说："从那根鞋带知道的。"母亲问："以后我该怎么办？"专家说："当他生病的时候，您最好带他去医院；他要结婚的时候，您最好给他准备好房子；他没钱时，您最好给他送去。这是您今后最好的选择，别的，我也无能为力。"

孩子成长的道路上，存在着一个非常温柔的陷阱，就是那些过分庇护孩子的父母亲手挖掘的，掉进陷阱里的孩子由于被剥夺了犯错和改正错误的机会，从而也失去了真正长大的机会。专家刚才所说的话，是告诉这位母亲不要事必躬亲，孩子大了，应有孩子自己的成长空间。

我们应该注重对孩子独立生活能力的培养，而不要过分保护孩子。过分保护一方面会使孩子失去锻炼、成长机会，另一方面也使孩子感到能力缺乏，因而对自己失去信心。孩子需要一定的空间去成长，去探索自己的能力，去学会如何自己解决困难和问题。不要为孩子做任何他自己可以做的事。如果我们过多地干预，就剥夺了孩子锻炼发展自己的机会，也剥夺了孩子自立能力形成和自信心建立的机会。

明智的父母，应当鼓励孩子自信，让孩子根据自己的实际情况，做自己力所能及的事情，去挖掘和发挥自己的潜能。

接受鼓励是孩子成长的重要内容

　　鼓励是养育孩子的重要因素，每一个孩子都需要不断地鼓励。幼儿往往对这个世界感到束手无策，并对成人的世界充满了好奇，但自己却能力有限。尽管如此，他们仍然鼓起勇气进行各种尝试，以使自己适应、融入这个世界。他们从最基本的技能学起，希望有一天能自立，能够成为家庭、社会中称职的成员。在这种时刻，他们最需要的是鼓励，是战胜困难的信心和勇气。

　　在生活中，我们往往忽视鼓励的重要性，常忘记给孩子鼓励，甚至轻视鼓励的作用。许多家长错误地认为孩子需要的是教育，而大多的家庭教育是训导与惩罚。鼓励是什么，他们不了解，也不在乎。他们没有认识到鼓励对于孩子建立自信心起着多么重要的作用。在一个孩子的成长过程中，接受鼓励而产生自信心是非常重要的成长内容，是父母应时刻关注的教养步骤。

　　小孩子要帮助大人干活是好事，干不好也是正常的，父母应该多加鼓励。让孩子学习分担家务，本来就是父母教育孩子的一种手段。所以，当孩子想做某事的时候，作为父母要保护他们的积极性，鼓励他们并承认他们的能力。当然，孩子越帮越忙是难免的，这也确实让父母感到烦恼，但父母只要花点心思，这个问题是能够解决的。

小孩子特别喜欢跟在大人后面"帮忙"，而事实上许多家务如拖地板、洗衣服等对他们来说都太难，不切实际地让他们插手，显然只能越帮越忙。这时应该转移他们的注意力，引导其做一些力所能及的、以自我服务为主的事，如整理他们自己的玩具、系鞋带、叠衣服等。

我们还可以让孩子每天干好一件事。我们可以告诉孩子："宝宝是个好孩子，知道帮妈妈做事了。不过你现在还小，一下子做这么多复杂的事会一件也做不好，你每天只负责做一件事，把它干好，行吗？"孩子会很高兴地答应，因为这让他有参与感和成就感。比如，可以让孩子整理自己的小书桌，我们做了示范后，孩子像模像样地先擦擦灰，再将零乱的物品放整齐，我们还要提醒他每天记得整理，以培养他的责任感。这个方法很有效。一件事情做了一段时间，孩子做得熟练了，再替他换一个新工作，让他有一个新鲜感，像每天餐前为家人放好碗筷、收拾全家人的鞋子等等，都是可以让孩子干的事情。孩子受到鼓励，乐此不疲，信守契约，隔一段时间给他换一件新工作，孩子就会在不断的劳动中学到很多新的技能。

许多人在小时候都特别喜欢帮父母做事，可父母一方面嫌他们添乱，总是把他们赶开；另一方面父母又对他们极为关爱，处处照料周到。渐渐地，他们对做家务的事不再关心，也不想帮忙了。这使他们失去了许多磨炼的机会，常常被一种怯懦的情绪困扰，在生活中常常缺乏自信和责任感，不知错过了多少宝贵的机会。

作为家长，我们常常有一种先入为主的观念，认为孩子到了某种年龄，才能做某种事情。但是我们想错了，没有谁规定了孩子到了某个年纪才能去做某件事情，让孩子适当地参与，也许他能做得很好的，而且他还会做得很有兴趣、很有意义。我们错误的观点可能人为地推迟了孩子学会本领的时间，而且最关键的是我们的这种做法会使孩子失去自信，不断怀疑自己的能力，以至我们认为他们应该做某件事时，他们却早已失去了做那件事情的兴趣和自己能做成的信心。这种消极作用将会对孩子的一生都产生影响。

王平的女儿4岁了，他吸取自己的教训，2岁起就鼓励她自我服务。虽然她洗脸洗成"落汤鸡"，牙膏一挤一大堆，吐口水吐到了自己的鞋子上，他还是快乐地鼓励她："宝贝真能干，让爸爸来教你，你会做得更好。"女儿的小嘴挺甜，学着妈妈的样子说："我下次就会做好的，爸爸请你放心。"由于从小受到鼓励，女儿最快乐的事就是帮大人干活，有时大人到田里干活，她也拿个小火铲一起挖土。大人做完一件事感到很累很高兴，她也会说："今天好辛苦，不过你们的功劳也有我一份！"但有时候，往往忙没帮上，还搞得家里一片狼藉。这时他和妻子宁可偷偷帮她修正，也很少责怪她或不让她插手。他和妻子都认为，添乱是暂时的，只要孩子有兴趣，就一定会越做越好。

你可能会说，孩子最常发生的事就是看见大人在做事就想帮忙：你在洗衣服，他突然把手放进去搅拌一番，半截袖子也跟着浸在肥皂水里；淘米时，一不小心，他的泥巴手又来了，你也许会让他走开。几次之后，孩子可能会因此而消沉，以后对家事变得不再关心，而等到父母再想要孩子帮忙时，他早已没有兴趣了。事实上，小时候"牵手不动"的孩子，长大也不太会做事。所以，父母想要使孩子成为一个能做事的人，就要容忍孩子从"帮忙添乱"开始。

孩子刚开始尝试做事，不可能不犯错误。你为何不把握具体情况，给孩子以实际指导，鼓励孩子使他由"帮忙添乱"成为真正的小帮手呢？他想洗袜子，你就从抹肥皂到过水手把手地教他；他想烧菜，你就先教他择菜；他想洗碗，你就先教他怎样使用洗涤剂或先洗一只，然后再逐渐增加……

此外，许多孩子之所以越帮越忙，很重要的原因是由于工具不合适造成的，成人用惯了的拖把、扫帚、抹布等工具，对孩子来说太大了，妨碍他们做事，结果才弄得越帮越忙的。"工欲善其事，必先利其器"，给孩子准备合适的工具，就是对孩子帮忙做事最大的尊重和鼓励。我们不妨到超市给孩子买来小扫帚、小簸箕、小拖把等做事工具，让孩子用起来得心应手，我们干家务活时，他也兴致勃勃地擦自己的小桌子、小凳子，收拾自己的小床、抽屉等等。凡事没有生来就会的，总是要经过不断地学习和摸索。我们应该多一分耐心，多一点宽容，恰当地引导，不但使孩子能掌握一定的劳动技能，同时还能培养起劳动观念、劳动习惯和责任感，以及对父母辛劳的理解。

怎样锻炼孩子的勇气

邻居家艾玲两三岁时是个很活泼的孩子，一见到大人总是在大人身边跑来绕去。现在她已经上小学了，可她妈妈说从幼儿园开始，艾玲就变得胆小怕事了，很难看到她脸上露出笑容。在学校，她见到老师同学都怯生生的，上课不敢发言，回答问题也总是低着头，声音小得只有她自己才听得到。因为胆小，不爱说话，她没有朋友，课间总是一个人躲在角落里。有时有调皮的同学故意招惹她，她也不敢反抗，只是悄悄地躲开。在家里，艾玲也是郁郁寡欢，有时妈妈大声叫她都会把她吓一跳。妈妈非常失望地说："这孩子怎么越来越没出息了呢？"

因为家长的过度保护，珠珠自理能力很差，十分胆小。别的小朋友在玩滑梯，她躲得远远的。老师走过去，问："你看好玩吗？"她说："好玩。"老师说："那咱们走近一点。"老师就拉她靠近滑梯。她看别人玩得那么高兴，越看越眼馋。老师进一步诱导说："你也滑一个好吗？"珠珠吓得赶紧往后缩。老师说："我抱着你，咱俩一起滑，好吗？"珠珠勉强同意了。在老师的怀里，珠珠有了安全感，她和老师一起滑了下来。老师问："好玩吗？"她说："好玩。"老师又问："害怕吗？"她说："不害怕。"老师说："你真勇敢！这回你自己玩，好吗？我在旁边保护你。"珠珠终于敢自己玩滑梯了。

孩子的胆量生来是不一样的。有些孩子天生不爱说话，害怕生人，不敢表现自己，我们宁可把这看成是他的性格特点，而不要简单地看成是缺点。有些孩子胆小，家长也有责任。家长安全意识过强，老是吓唬孩子，孩子干什么家长都说"危险"，久而久之，孩子就会自己总结出一条经验来，那就是最可靠的办法是什么也别摸，什么也别干，这在我们成年人看来，自然就是胆小怕事。

有的孩子由于家庭环境的影响，从小就羞涩、胆小、内向。当你注意到孩子从原本活泼可爱、喜欢交朋友，一下子变得胆小怕事，龟缩到自己生活的小天地时，就应该引起重视。孩子是不是不能适应新环境？是不是被别的孩子欺负或遭受到挫折，从而失去对自己的信心了？

现在的孩子在上幼儿园之前，可能很少有与同龄人交往的经验，在家里受到长辈的保护，这种生活使他们根本不具备应付挫折和压力的能力。进入幼儿园后，有的孩子本身先天适应能力较差，面对新的环境感到特别拘谨，面对这么多不再处处护着自己的小朋友和老师，他们会从内心感到害怕和孤独。这时，如果家长忽略了对孩子适应新环境的引导教育，忽视了安慰和鼓励孩子，孩子就很容易变得胆小怕事、退缩。当他们面对种种压力时，由于不知道怎样处理，于是只有退缩到自己的内心世界里以躲避外在世界的伤害。

有的家长整天把孩子关在家里，不准孩子与其他小朋友玩耍，或者对孩子过分迁就、溺爱，也是孩子不适应新环境的原因。孩子因缺乏与同龄人交往的技巧，只好采取逃避的行为。有的孩子由于自身存在某种缺陷，如口吃、长相不好等，在新环境中受到了极大的伤害，从此失去自信心，慢慢地就变得再也不敢当众发言，生怕被别人注意到，恨不得躲到没人的地方。

由此可见，孩子的胆量是后天形成的。有个男孩从小一点儿也不怕狗。大人抱着，看见狗就跟狗玩。后来他会走路了，有一回他在小公园里远远看见一条狗，他这里一招呼，那边狗就冲着他跑来。高大的狼犬，轻轻撞了小男孩一下，小男孩被撞了一个仰天跟头，立即哇哇大哭。从此他见了狗就直往大人背后躲。

大人有时会有意无意地借助"鬼""黄猫""狼外婆"之类惊悚的东西来吓唬孩子，让他们听指挥。可见，孩子的胆小，多是家长们故意制造渲染恐怖的苦果。而孩子变得胆大，在很大程度上是练出来的。

有的家长老是指责孩子："你看人家，小嘴伶牙俐齿的，再看看你，像个木头疙瘩似的！"这种"定位"式的批评特别容易伤害孩子的自尊心和自信心，会加剧他的怯懦。前面珠珠的老师就做得非常好，她对珠珠没有任何的指责，也不是放任不管，而是为孩子设立具体的小目标，允许孩子尝试，成功了立即表扬，终于使珠珠敢自己玩滑梯了。试想，如果这位老师冷冰冰地嘲笑珠珠："人家都玩滑梯，你怎么不去！胆小鬼！"结果会如何？这种老师不是没有，这样的家长也很多。所以，我们应该向珠珠老师学习，学会引导胆怯的孩子勇敢地尝试。

不要批评，要有耐心，要鼓励孩子经常和小朋友一起游戏、交往，教给他一些与同龄人交往的技巧，培养他对新事物的兴趣，养成热情、活泼的性格。对孩子存在的能力缺陷要及时加以训练，如孩子本来说话表达不清，父母可以和孩子一起每天坚持表达训练；体质不好的孩子，父母可以和孩子一起每天坚持体育训练，并辅以饮食调节来改善。父母应注意发现孩子的闪光点，对他的优点经常加以鼓励，使孩子从中感受到成就感。当孩子要面对新环境时，父母应给他详细描绘新环境的情况，教给孩子适应新环境的方法，并引导孩子勇敢地去面对。

应该告诉孩子自己喜欢他，欣赏他的所作所为，哪怕是一点点小事，如孩子懂得体贴大人，知道关心别人等，这样孩子就会更好地接受自己，同时也能让孩子觉得父母永远都支持自己，当遇到困难和挫折时，可以向父母寻求帮助。如每天晚上花10分钟倾听孩子的谈话，对孩子的自信心就是极大的鼓励，对孩子的每一点进步加以赞扬和欣赏，询问孩子是否需要帮助。让孩子帮助父母做一些力所能及的事，如买东西、摆桌子、寄信等，通过这些活动，胆小的孩子会逐渐认识到自己是有能力的，胆子也会慢慢变大。

下面是一位日本专家在他的《父母造就懒散孩子》一书中对胆小怕事的孩子提出的很好的建议：

1．让孩子积累较多与其他孩子一起生活的经验。让孩子玩活泼的游戏，即使稍有一点危险的游戏，也无须大人喋喋不休地嘱咐个没完没了。

2．不能毫无道理地把自己的想法强加给孩子。要把孩子从家长的桎梏中解放出来，大胆地让他与各种各样的朋友接触。

3．孩子的怯弱不安，是受父母的态度影响的。如果父母对孩子的事总是过分担心的话，这样的情绪和态度就会传染给孩子，使孩子也变得不安起来。所以，父母要试着"离开"孩子，有时听任孩子去做自己想做的事情。

4．放开手脚让他自己寻找能玩在一起的小朋友。有时候孩子虽然成绩好，但是缺乏表达的能力。这种表达能力的缺乏是由其本身的思维紧张和强烈的不安引起的。这样的孩子需要朋友，即使有一个朋友也可以，所以要放开他的手脚，不要采取过度保护的办法，如果能由他自己找到合适的朋友，那是最理想的了。

5．在学校尽可能让不善言谈的孩子与有相同倾向的孩子长时间在一起玩耍和行动。

6．让孩子和老师熟悉。委托老师多创造一对一的谈话机会。

7．与孩子一起做活动身体的游戏。尽量让孩子发出"嗨""喂"等叫喊声，以使他的能量得以释放。

8．努力寻找孩子的优点，让老师在同学面前对他加以表扬。

9．让孩子在家人面前唱歌并表扬他。

10．给孩子充分的准备时间。使孩子尽早开始训练，等他的心情不紧张了，就会由开始的不合格慢慢变得运用自如。让他对功课提前进行预习或练习，等到正式开始时就不会惊慌失措了。

11. 父母经常地带孩子出去，让他能与同龄的孩子一起玩。

12. 支持孩子干力所能及的事情。

13. 耐心地对孩子说："你只是有点内向，但不失为一个温柔的好孩子。"

不要心疼孩子吃苦

从某小学通往某发电厂的宽阔大道上，人山人海，热闹非凡。马路中间是学生队伍，上千名小学生，个个精神抖擞，雄赳赳、气昂昂地迈着大步，有的还不时小跑一阵，追上前面同学的队伍……马路两边比马路中间还热闹，人数比中间的小学生还多，阵势比中间的小学生还浩大。他们还不时向中间的小学生队伍大喊大叫："别跑，慢慢走好了！""别逞强了，走不动爸爸捎你！"……从中间小学生队伍中响起的却是这样的回答："谁要你送啊？快回去吧！""烦不烦啊你！都被人家笑死了！"……

原来，该小学正在搞活动——"奔向二十一世纪"。当然是象征性的，从学校出发到发电厂，路程并不长，低年级还减半。尽管事先已和家长说明，沿途都有老师"站岗放哨"，且早与交管部门联系好，这段时间内实行交通管制，绝对出不了事，可家长们还是不放心：孩子可从来没有走过这么长的路啊，万一吃不消怎么办？好多家长都劝孩子别参加这次活动了，可孩子哪里肯听！到了活动那天，家长们纷纷赶来为自己的孩子"保驾护航"，于是就出现了前面那一幕。

孩子不可能永远泡在蜜罐里，总有一天要走向社会，而社会既有晴空万里，风和日丽，又有狂风暴雨，雷电交加。许多家长舍不得孩子吃苦，但往往忽略了对孩子体力和意志力的培养，而体力和意志力又是智慧能否得以充分发挥的基础和保障。因此，孩子在体力上吃点苦，在意志力上受点考验是必要的。让孩子以强健的体魄和坚强的意志力去面对未来，接受各种挑战才是最重要的。

在夏令营里我们会经常看到这样的情景，白天孩子们一起做游戏玩得很开心，但到了晚上睡觉时，许多孩子看看床，却抹起了眼泪。他们想父母，不能承受父母不在身边的痛苦。在劝说下，他们勉强上了床，但是要求老师不能关灯。有位女孩子让老师给她找个布娃娃抱着。灯可以不关，但娃娃却找不到，女孩子委屈地哭了起来，老师无奈给了她一个枕头当娃娃，可能是哭累了，她竟抱着枕头入睡了。还有的小女孩直哭着要见妈妈，老师怎么劝也不行，无奈拨通了她家里的电话，让她妈妈在电话中哄着她睡觉，她妈妈在电话里给她讲故事，唱催眠曲，半小时以后，她终于睡着了。有的家长也担心，现在的孩子太娇了，依赖性强，吃不了苦，将来可怎么办？这样的担心并非没有道理，可是孩子真的去吃点苦，家长又牵肠挂肚地担心起来。

孩子将来面临的是一个处处充满竞争的社会，"物竞天择""适者生存""优胜劣汰"将是普遍现象，竞争会使孩子们面临极为严峻的考验。社会竞争不是一般能力的较量，如果孩子没有吃苦的精神以及面对挑战和困难的勇气，是难以在激烈的竞争中获胜的。

在一些地方，每逢冬天，你会看到一些赤身裸体的孩子在风雪中打滚。瑟瑟的冷风，冻得孩子发抖，嘴唇也发紫了。但是站在一旁的家长一个个"硬心肠"地看着，不动声色。家长说："在送给孩子幸福之前，先要送给他们苦难。"

还有一些地方，孩子们的事尽可能地让他们自己做，家长有意识地让孩子去做一些艰难的事。孩子到14岁时就要在家里承担一些家务，比如要替全家人擦皮鞋等。

另外一些地方，小学生在学习期间，用给他人送报、送奶、修理草坪等劳动，来挣自己的零花钱，孩子从小就能感受劳动的艰辛。

当然，也有一些地方的孩子吃苦太少了，他们在家长无微不至的关怀下，成了温室里的花朵。

如果我们始终不放手让孩子去锻炼，那么他们可能永远也长不大。孩子一生中不遇到挫折是不可能的，为了孩子将来少吃苦头，让孩子在成长的过程中适当吃些苦头，也不失为一种培养孩子耐挫力的好方法。

让孩子自己决定

5岁的女儿突然高烧不退，爸爸妈妈慌忙把孩子送到医院里，医生在检查孩子身体的时候吃惊地发现，这孩子穿得很厚实，秋衣、毛衣外面套了一件很厚的保暖衣，最外面还裹了一件厚厚的羽绒服，帽子、围巾、手套一样也不缺……医生检查过后，诊断孩子发热完全是因为穿得太厚了。

父母总是认为孩子小，就自作主张地给孩子加减衣服。在对待其他事情上也是如此，父母总认为孩子还小，就剥夺了孩子自己做决定的权力。这样一来，父母在不知不觉中扼杀了孩子独立思考的习惯与能力，导致孩子只知道听从父母的意见，失去独立做决定的能力。

只有拥有独立思维的孩子，才可能拥有更强的主观能动性，不随波逐流。只有自己思考的孩子，才可能拥有更具独创性、新颖性的思维与见解，从而做好每一件事情。

《孩子说出的出人意料的东西》是黑人笑星比尔主持的一档电视节目。有一次，比尔问一个 7 岁的女孩："你长大后的理想是什么？"女孩说："我要当总统！"全场观众很吃惊。比尔又问："那你觉得为什么美国从来没有过女总统呢？"女孩说："因为男人都没有投票选她。"这句话逗笑了全场的人。比尔又问："你肯定是这个原因吗？"女孩肯定地点了点头。

比尔笑了笑，问观众："愿意给这个小女孩投票的人把手举起来！"随着笑声，一些男人举起了手。比尔说："有很多男人给你投票啊！"女孩说："三分之一都不到！"

比尔想换一个方式拉选票："请所有在场的男士都把手举起来。"大家都把手举起来了。比尔接着说："请不投票的男士把手放下。"比尔这招取得了不错的效果，很多已经举起手的人不好意思再把手放下。于是，她得到的票数比之前多了一倍。

比尔说："小姑娘，这下你满意了吗？"女孩笑了："他们心里是不愿意投票的。"全场一片寂静，接着响起一片掌声。

独立思考的魅力就在于此。"I can do it."——"我能行。"这应是孩子经常说的一句话，因为能这样说就表现了孩子的自信。如果一个孩子不能独立思考，那么很小的挫折和变化都会让他无所适从，很难适应新的环境。对于孩子来说，具备独立思考的能力、严谨的思维可以提高自己独特的魅力，这样的孩子更容易受到大家的欢迎。

父母可以在孩子遇到问题的时候给孩子一些建议参考，但解决问题还是应由孩子自己进行，因为重要的不是答案，而是让孩子具备独立思考的能力。

小路 4 岁的时候，爸妈定制了一个大鱼缸放在家门口。

一天午后，当太阳斜照的时候，小路很高兴地走向鱼缸。忽然，小路看到了一条彩虹倒映在地上。她兴奋地对妈妈说："妈妈，那很亮！"

小路的意思是："这种现象是怎么发生的呢？"妈妈也很好奇地问："真的是，不知道是从哪里来的呢？"

小路思考了半天，说："是太阳公公照的！"

妈妈问小路是怎么知道的。

小路说："这是太阳照在水面上，然后又照在了地上的结果呗。"虽然小路不知道反射的原理，但是小路体会到了自己独立思考的趣味，这能够增强她日后的学习能力。

每个孩子都对这个世界充满了好奇，对周围的世界有一种直觉的渴望。父母不需要教给孩子过多的术语，只要在孩子有疑问的时候和他一起探究就可以了。父母不要总是低估孩子的能力，其实孩子是很爱思考的，他们的小脑瓜中经常会冒出许多问题。所以父母要让孩子养成独立思考的能力，给孩子提供一些独立思考的机会。

有些孩子总喜欢问父母问题，孩子的好奇心就表现在这里，但有些父母会对这些问题表现得不耐烦，没有认真地对待孩子的问题。而那些明智的父母则会利用孩子的求知欲和好奇心，发掘孩子独立思考的潜能。

在目前的家庭教育中，孩子的好奇心很容易被父母在无意中扼杀了，孩子的创造性思维的形成也会直接受到影响。因此，当孩子提出各种问题的时候，在孩子独立思考的基础上，父母要对孩子的行为表示肯定，并对孩子的思维加以引导。这一方面可以满足孩子的求知欲，另一方面也可以激发孩子的求知欲。

假如孩子提出的问题很难，甚至父母也不知道应当如何解答，在这种情况下，要诚实地对孩子说："你这个问题问得很好，但是我也不清楚，等我查完资料知道答案后再告诉你吧。"

你长大后的理想是什么?

主持人,我要当总统!

愿意给这个小女孩投票的人把手举起来!

三分之一都不到!

请不投票的男士把手放下。

小姑娘,这下你满意了吗?

父母要培养孩子独立思考的能力,多给孩子一些独立思考的机会。父母可以在孩子遇到问题的时候,给孩子一些参考,可是解决问题应该由孩子自己进行,因为重要的不是答案,而是让孩子具备独立思考的能力。

他们心里是不愿意投票的。

高情商家教思维

1. 当面对孩子成长中的幼稚行为时，你是如何做、如何想的？

_____

_____

_____

2. 独立生活能力的培养对建立孩子的自信心有什么样的帮助？在实际的生活中，你都给了孩子哪些自理的机会？

_____

_____

_____

3. 你经常鼓励孩子帮助你做事情吗？在做事情的过程中，孩子得到你的肯定和赞扬了吗？

_____

_____

_____

4. 如何培养一个喜欢行动又勇敢的孩子？

_____

_____

_____

5. 你给过孩子哪些自己做决定的机会？

_____

_____

_____

第三章

读懂孩子的心理需求

微笑是甜蜜的礼物

　　微笑不仅仅是一种简单的面部表情，更是一种通向心灵的心语交流。人与人的交流离不开微笑，心与心的沟通也需要微笑，对于如何教育好孩子，父母更需要依赖微笑。因为父母的微笑犹如冬日里温煦的阳光，温暖、关爱着孩子，能瞬间拉近亲子的距离，架起亲子的友谊桥梁。

　　一个孩子突然将一个鱼缸打碎了，父亲飞奔过去。看见孩子正在洒满水的地上聚精会神地抓鱼时，父亲很生气，一把抓起孩子。孩子被突然的一下吓到了，睁大眼睛诧异地看着父亲。

　　这时母亲急忙抱过孩子，然后笑着对孩子说了一句话："孩子别怕。"就是这一句，孩子诧异的眼神没有了，喘了一口气委屈地告诉妈妈："妈妈我只是想看看鱼的脚长在哪里。"

　　这个例子告诉父母，请微笑面对孩子，一定要给孩子时间和机会去表达，不要破坏孩子的注意力。孩子打碎鱼缸，看似做了错事，但是犯错的背后是出于对生命的探索好奇，不要因为你的责备扼杀了孩子探索的动力。微笑是父母给孩子的甜蜜的礼物，父母要学会用微笑和孩子说话。这种和谐、愉悦的家庭氛围，不仅能给全家带来快乐，更加有利于孩子的身心健康与成长。

父母的微笑、平和的心态是培养孩子阳光般性格和心灵的重要保障。0～3岁的婴儿，可能由于父母的微笑而奠定开朗乐观的性格，并从小养成一种良好的习惯；3～6岁的幼儿，可能因为父母微笑的关爱而懂得珍惜生活、关爱他人；入学后的孩子，更会因获得父母的微笑而快乐、坚强、自信，一步步地带着微笑走出精彩、走向成功。

父母的微笑有种神奇的力量，它能够带给孩子力量与信心，它传达着一份信任与理解，蕴含着一种真诚与关爱，代表了一份支持与赞许。父母无言的微笑胜过千万句语言。孩子在父母的微笑中感受到生活的阳光，在耳濡目染中也学会了微笑面对生活，将来无论遇到任何情况，都能平和地直面生活。

微笑是教育子女的有利臂膀。当孩子淘气、不听话、犯错误时，请带着微笑教育孩子。调皮的孩子从小到大听多了大声地呵斥，他们有些已经习惯了这种电闪雷鸣式的教育方式，对老师循循善诱的话语往往充耳不闻，这时，不妨用微笑去鼓励他们。

上午课间休息喝水的时间到了，小欣飞快地跑过去，也不管有谁在排队就挤了进去，拿了杯子倒了水就往外走，结果不小心把一杯水全都洒在了自己身上，还滑了个大跟头。老师闻声过去，看到这幅情景，很是生气，真想好好地批评她一下，但看到她从地上爬起来时那一瞬的眼神——又害怕、又羞愧、又紧张……那企求原谅的眼神使老师又有些不忍心了，刚刚心中升起的一股怒气又压了下去。老师知道此时的她已经意识到自己的错误了，如果老师再批评她的话，会让她更难过。于是，老师真诚地笑了笑，并对她说："看你，摔疼了吧？下次注意，好吗？"小欣看到老师笑了，知道一场风波已经平息，紧张的神情一下子舒展了许多，同时也向老师友好地笑了笑，并轻声说："老师，以后我不这样了。"

在接下来的日子里，小欣一改往日总是叽叽喳喳的特点，在教室里很安静，还不时地对在喝水的小朋友提醒说："小心点，要排队拿。"

小欣是班上有名的"自由王"，平时老师教育了她多少次呀，可她总是屡教屡犯，没想到无意间的一个小小微笑竟产生了这么大的作用！这使老师忽然感受到微笑中所隐含的无可比拟的力量。

老师的微笑使小欣觉得不好意思了，逆反心理也自然无从谈起，这时也自然很容易听进师长的教诲之言。宽容、理解的微笑不仅能感化教育孩子，更能赢得孩子的心和孩子的敬重。

尊重孩子说话的权利

露露是小学四年级的学生。最近，张老师发现原本活泼开朗的露露变了。

露露以前爱说爱笑，上课积极发言，现在却变得沉默寡言，总是一个人发呆，学习成绩也下降了。后来，张老师通过询问，终于知道了露露不爱说话的原因。

露露以前很活泼，很爱说话，每天放学后，都会把学校里发生的趣事说给妈妈听。可露露的妈妈是个对孩子要求非常严格的人，她几乎把全部希望都寄托在露露身上，希望露露将来能考上一所好大学，出人头地。所以，妈妈对露露的学习抓得特别紧。妈妈觉得露露说的这些话都没用，简直就是在浪费时间。所以每当露露正说得高兴的时候，妈妈总是会不耐烦地打断她："整天只会说些废话，这些话有用吗？一点用也没有！你把这心思放在学习上多好，快去做作业！"最近一次露露说班里发生的一件事，正说得兴高采烈时，妈妈忽然凶巴巴地说："说了你多少次了，让你别说这些废话，你还说。如果你以后再记不住，看我不打你！"

吓得露露一个字也不敢多说，灰溜溜地逃回了自己的房间。

慢慢地，露露在家里话越来越少了，每天放学都闷在自己的房间里，因为妈妈也不让她出去玩。渐渐地，露露的性格也就变了。

事实上，亲子之间的沟通是影响亲子关系和塑造孩子性格的重要方面。许多父母都忽视了与孩子的交流，不重视倾听孩子的想法。也许父母还会觉得自己的严厉教育让孩子变得乖巧听话了，但是时间久了，这种方式对孩子产生的不良影响就会表现出来。

父母不让孩子把话说完，一方面不利于孩子语言表达能力的发展，另一方面也使孩子产生负面情绪。让孩子对爸爸妈妈诉说内心的感受，是提高语言表达能力、增强社会交往能力的极佳机会。

每个孩子都渴望有人能听自己说话，但在大多数的情况下，父母往往会忽视孩子表达的欲望。如果家长们能多尊重一下孩子，对孩子的倾诉多一点耐心，不急于打断孩子的话，那么孩子遇到事情时就会乐于向父母倾诉，同时能与父母建立良好的沟通关系。

如果你发现自己与孩子不能进行良好的沟通，那么请你看一下自己是否有以下的行为：不注意孩子倾诉的需求；当孩子有话与你说时，总是以"忙"为由，不去倾听；孩子兴致勃勃地诉说时，你经常不耐烦地将其打断。

据一项调查表明，70%以上父母承认没有耐心听孩子说话。孩子的"说话权"得不到父母的尊重，久而久之，孩子就会与父母产生对抗情绪，以至双方相互不信任，沟通困难。

为了避免父母与孩子沟通困难的情况发生，当孩子说话时，父母无论有多忙，一定要温柔地注视着孩子，不要随意插嘴，尽量表现出你听得很有兴趣的样子，让孩子能够完整地发表他的观点。如果你在某一重要原则上表示不同意他的看法，应该明确地告诉孩子你不同意他的什么观点，并说出理由。此外，在提出反对意见时要注意态度，不要过于武断，也不应该否定一切。即使孩子是在胡说八道，也要控制自己的脾气，不能妄下定论，直到确定自己完全理解清楚后再说出自己的看法。

父母应该尽可能多地与孩子交流，而且应该试着用不同的方法使孩子愿意跟父母交流。父母在倾听孩子说话时，应该努力做到尊重孩子，从孩子的角度分析和解决问题，这样才能营造出更加友好的家庭氛围。

同时，父母应该学会正确"听话"，在听的过程中不责备、不打岔、不否定，以便孩子可以畅所欲言，也便于父母看清孩子的内心世界，并在此基础上创造出更多与孩子交流的机会。

每个孩子都有自己的想法，需要会"听话"的父母来倾听。父母要尊重孩子说话的权利，学会"听话"，抓住机会了解孩子的想法和感受，建立和谐的、良好的亲子沟通关系。

用理解与支持让孩子快乐生活

　　美国自然科学家、作家杜利奥曾经提出过这样一条心理定律，并将它命名为"杜利奥定律"：没有什么比失去热忱更可怕，一旦失去热忱，人便垂垂老矣。这条定律要说明的是，如果人的精神状态不佳，那么一切都将处于不佳状态。从根本上来讲，杜利奥定律要说的就是人与人之间其实只有极其微小的差异，可就是这微小的差异，却可能会导致人成功或失败。这很小的差异就是所具备的心态是积极的还是消极的。一个人如果心态积极，乐观地面对人生，乐观地接受挑战和应付麻烦事，那他可能就已经成功一半了。

　　由于妈妈的早亡，宜男从小过着单亲家庭的生活。

　　每次看到同学朋友和爸爸妈妈一起合家欢乐的时候，他就由衷地感到羡慕，而且总是梦想着自己也能得到爸爸妈妈共同的呵护和关爱。但是，他也知道那是不可能实现的，所以他变得越发的消沉，内向话少，很少和同学打闹，有意封闭自己，越来越孤僻。

　　后来，他把希望寄托在高考上，一心要考出好成绩，考进理想的大学。可是，因为过度紧张，他在高考考场上出现了记忆空白、惊慌失措等症状。所以，他落榜了。这一年的 9 月，当他看到昔日的同学纷纷进入大学校园时，内心感到深深的自卑。从此以后，宜男就患上了抑郁症，身体也越来越不好了。

　　情绪的作用是巨大的。事实上，孩子比大人更敏感、更脆弱，这在孩子青春期时体现得尤其明显。因为这个时期孩子的心理还没发育健全，还没有足够应对一切困难的能力，所以在面临挫折或是突发意外时，往往会有比较大的情绪波动，表现为叛逆心理、易烦躁、情绪多变等。

　　孩子的心灵是很脆弱的，可能会因为很小的事而变得情绪低落。父母是孩子最好的呵护者，应密切关注孩子的情绪发展状态。当孩子出现负面情绪时，父母要站在孩子的角度分析他的顾虑，及时帮他理清自己的情绪，甩掉心理包袱，让孩子轻装上路。

　　作为家长，当孩子出现负面情绪时，不能自乱阵脚，要时刻保持冷静，理性和孩子一起沟通交流，分析问题，找到解决办法，引导孩子回到正常状态上来，或是还可以帮助孩子发现有趣的事物以转移他的注意力。当孩子充满负面情绪时，他的注意力往往很难从当前这件干扰他心绪的事情上转换出来，所以父母不妨多让他出去和同学玩，或是发掘他的兴趣。最重要的是，要告诉孩子无论发生什么事情，父母都在他的身旁，让他感到自己不是孤立无援的，要告诉他"没有什么问题是解决不了的""开心面对每一天"。积极的心态能战胜一切，所以，父母应培养孩子养成积极的心态。

小静家境优越，又是家中独女，所以从小就被家人寄予很高的期望，她对自己的要求也很高，成绩一直很优秀，每次考试也是名列前茅。直到有一次期中考试前，小静因为感冒发烧没有复习好，所以那次考试成绩不是很理想。为此小静一直闷闷不乐，不过她的父母并没有因这次考试责怪她，反而鼓励她下次加油。但是，从那以后，小静的心情再也没有像以前那么好了。为此，小静妈妈为女儿请了假，并和班主任谈论了小静的情况。班主任也发现，自从期中考试后，小静就开始沉默寡言。后来，小静好像封闭了自己，成绩下降，记忆力下降，人也不再开朗……

不被注视的失落感、失去自由玩耍的机会等，这些都会让孩子感到不快乐、忧郁和恐惧，都能成为导致孩子抑郁的原因。如何让孩子摆脱这些负面情绪，甩开不必要的心理包袱，重新变得快乐起来，也是父母最需要注意的地方。

比较好的办法是多鼓励、多倾听，让孩子用自己的方法减轻压力，比如大哭一场，或是通过运动来排解不良情绪。孩子不像成人那样善于运用倾诉的方法，所以有的时候他们并不能够有效地通过交谈来抒发缓解自己的负面情绪，或许是因为无法正确表述自己的意思，或许是因为觉得家长和自己有代沟，无法沟通或解决自己的问题。这个时候，父母就要少说教多倾听，多从小细节处发现孩子的想法，听他说他的烦恼。即使孩子并不能完整地表达出他想说的意思，也要让他感到父母是能够理解他、支持他的，这自然能缓解他心中的紧张情绪，产生安全感，减轻烦恼，及时从困扰中抽离出来。

爱能让孩子从沮丧中重生

如果家长总是对孩子提出过高的要求，孩子又总是达不到的话，那么有些家长可能就会说出一些"你怎么这么笨，连这个都做不好""你看看隔壁家的孩子，他比你好多了""这题这么简单"等话来。孩子的心灵本就脆弱，他们也希望能做好每一件事，他们脆弱的心本就因为没有做好某件事而感到沮丧，父母的苛责无异于往他们脆弱的心灵伤口上撒盐，会令他们对自己产生怀疑，变得越来越不自信。心理学研究表明，当一个人长期处于挫折和失败所带来的不良情绪时，会产生绝望的感受，从而对人生失去信心。

著名心理学家马丁·塞利格曼和梅尔做过一个实验，他们将参与实验的狗分成了三组。在实验的第一个阶段，三组狗都被放在一个接着电线的箱子中，每个箱子都安装了电击装置和一个开关。这个装置可以给狗所踩的板子施加一定程度的电击，电击的强度刚好能够引起狗的痛苦，但不会使狗受伤。

蜂鸣器一响，第一组和第二组的狗都会被施加电击。第一组的狗碰到箱子上的开关时，电击就会停止。而第二组的狗无论怎样触碰开关，电击都不会停止。第三组作为对照组，不对狗施加电击。研究者们发现，第一组的狗在遭受电击后，四处逃避，触碰开关后电击停止。第二组的狗在刚刚遭受电击时也会拼命挣扎，想逃出箱子，然而无论怎样努力都无法逃避电击。随后，它挣扎的激烈程度越来越小，似乎不得不忍受电击。在研究的第二阶段，研究者将这三组狗都放进另一个中间有隔板的箱子中。隔板的一侧有电击，而另一侧没有，隔板的高度是狗可以轻易跳过去的。那么，狗会跳过隔板躲避电击吗？

实验者发现，第一组和第三组的狗很快学会跳过隔板，轻而易举地避开了电击。然而，第二组的狗在电击开始后惊恐了一阵子，然后就一直卧倒在地呻吟颤抖，被动承受电击带来的痛苦，根本不去做逃避的尝试。甚至它一听到蜂鸣器响，就会倒在地上，这时即使打开箱门，它也不会逃脱，仿佛已经绝望了。

狗在多次电击无法逃脱之后产生了消极反应，进而感到绝望，对可以生存的机会毫无反应，这种现象在心理学上就被称为"习得性无助"。这个实验推及于人，也得到了类似的效果：当一个人对某件事多次努力但是都失败后，那么他就会停止尝试；如果这种情形出现得太过频繁，那么他就会产生对凡事都无能为力的消极心理。

孩子也是如此。如果要经常面对现实对他的一次又一次的否定，那么他很容易会产生自责、自卑、无助和退缩心理，最终导致他产生"习得性无助"，无法走出失败的怪圈。

王兰如愿以偿地进入了一所重点初中，这让她很高兴，学习也很刻苦。但是慢慢地，她发现比她刻苦的不少，成绩比她优秀的更是很多，这让以前一直是班上名列前茅的王兰压力很大。在一次考试中，王兰只在班上排到了中等名次，还有她之前学得最好的数学也只得了个刚刚及格的分数。这让王兰非常沮丧。

不过，她没有放弃，仍然继续努力。可是又一次摸底考试分数下来时，她的名次竟然又下滑了10名，这让王兰的自信心很受打击。父母严厉地批评了她。她一方面觉得自己很委屈，另一方面又觉得自己很笨，即使努力了也不能成功。自那以后，尽管王兰还是在努力，但是成绩依然在下降。

后来，每次父母找她谈话，她都只回答"我不行"。渐渐地，这三个字成为王兰的口头禅，作业也经常不做，上课不专心听课，放学也不再复习当天所学习的功课。

缺乏自信心的孩子会对自己能做的事产生畏惧心理，然后退缩，变得不再积极主动，长此以往会产生一种对一切都漠不关心的态度，对自己失去信心，对生活失去斗志。

这时候，漠视和责备只会让孩子在沮丧中沉沦，而爱则能让孩子从沮丧中重生。因此，要避免孩子产生"习得性无助"，最好的方法就是家人多给予理解和关心。当孩子遭遇失败或挫折时，父母不应该去指责孩子，而是应当给予爱和鼓励，肯定孩子做得对的地方，给予他积极的评价。

父母要给予孩子积极的评价，这不只限于孩子的学习方面，还包括孩子的各个方面。比如，孩子今天体育课跳高跳出了一个新高度，就要及时肯定他，告诉他这非常棒，让孩子感受到父母的爱。父母要给孩子营造一个充满安慰和鼓励的环境，让孩子不会因为一两次的失败而否定自己。

　　俯身看着孩子的眼睛吧！认真而坚定地告诉你的孩子"加油！你可以的""你做得很好""没关系，我们一起来找找原因吧"等，让孩子相信自己是可以做到的。父母要给孩子营造一个轻松自在的环境，要善于发现孩子的闪光点，对孩子积极地评价，让孩子在充满爱的环境中成长，这是每个称职的父母都应该做到的事情。

如何读懂孩子的心

在一个圣诞节的晚上，一位年轻的妈妈带着 5 岁的女儿去参加圣诞晚会。热闹的场面，丰盛的美食，还有圣诞老人的礼物……妈妈兴高采烈地领着女儿和自己的朋友们打着招呼，她原本以为女儿也会很开心。但是女儿却哭了起来，还坐到地上，鞋子也甩掉了。

妈妈气愤地一把把女儿从地上拉起来，大声训斥一番之后，蹲下来给孩子穿鞋子。在她蹲下来之后，她惊呆了：她眼前晃动着的全是大人的屁股和大腿，而不是自己刚才所看到的笑脸、鲜花和美食。她忽然明白了女儿为什么会不高兴，因为她"蹲下来"的高度正是女儿的身高。这一次，她知道了，只有"蹲下来"和孩子一样高，妈妈才能理解孩子的感受，才能真正和孩子去沟通。

"蹲下来"，不只是指在生理的高度上尽量与孩子保持相同的高度，更重要的是在心理上的高度要平等，要用认真而亲切的态度，用平等的态度把孩子看成一个同样需要尊重的独立的人。

其实，"蹲下来"更重要的是要在父母心中把孩子真正当作和自己一样，是具有独立人格的个体，这才是问题的本质。只有父母在心理上不再"居高临下"，与孩子完全处于平等的地位时，孩子才会把他的真实想法告诉父母。这就是孩子为什么喜欢把心里话对自己的朋友说，却不愿与父母说的原因。

美国一位精神病学家曾经说过："教育孩子最重要的，是要把孩子当成与自己人格平等的人，给他们以无限的关爱。"尊重孩子，认识到孩子也是一个独立的人，有自己的情感和需要，放下做父母的架子，使孩子觉得父母和自己是平等的。

可是，在现实生活中，我们经常看到的却是父母大声呵斥孩子："过来！""别摸！"从说话态度来看，父母用居高临下、命令式的语调和孩子说话显得很威风，可是此时在孩子心目中的父母却并不可敬，自然这样的沟通效果就不会好。而且父母也很容易因此失去威信，时间长了，父母说的话孩子不但不会听，还会产生逆反心理。无数事例证明，只有父母转变姿态，像对待朋友那样去关爱孩子，才更容易走进孩子的心。

总之，"蹲下来"和孩子说话，是增强孩子独立意识的有效方式。"蹲下来"说话，不仅是一种行为的表现，也是一种教育观的体现。父母只有怀着强烈的责任心和热切的期望才能"蹲下来"；只有把孩子看作是平等的个体才能"蹲下来"。而只有"蹲下来"，父母才能平视孩子，才能获得和孩子真正交流的机会，才能真正明白孩子心中所想以及他行为的真正动机。

另外需要提醒父母注意的是，理解孩子的内心感受只能解决问题的一半，更重要的是确认自己的判断与孩子的真实想法是否一致。如果得到孩子的认可，可以采取针对性的解决办法；如果自己的想法与孩子的不一致，那么就要继续引导孩子对自己的行为做出解释，然后再根据具体情况慢慢引导孩子。

◇ 读懂孩子的心 ◇

成功与失败只在一线之间，重要的是人的心态。

爸爸，我哪儿也不想去！

宜男，爸爸觉得你现在的压力太大了，爸陪你外出旅游散散心好吗？今年高考失利，咱们明年再考！

我最近学习压力有点大，总是感到力不从心，心情也莫名其妙的不是很好！

"没有什么问题解决不了""开心面对每一天"。积极的心态能战胜一切，让孩子获得心灵上的支撑。

小静，妈妈发现你最近有点儿不开心，给妈妈说说咋回事呀。

妈妈相信你，一定能把事情解决好的！

即使孩子并不能完整地表达出他想说的意思，有效地倾听也能让他感到妈妈是能够理解和支持他的，这自然能缓解他心中的紧张情绪，产生安全感，并及时从困扰中抽离出来。

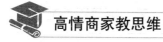

高情商家教思维

1. 微笑是世间最好的礼物，请把这个礼物送给你的孩子。列举一下自己送出这个"礼物"的时刻。

_____

_____

_____

_____

2. 当你发现孩子不能与你很好地沟通时，请回想一下自己在倾听孩子诉说时的表现。

_____

_____

_____

3. 当孩子沮丧时，如何让孩子重新获得勇气？

_____

_____

_____

4. 家长如何才能读懂孩子的心？

_____

_____

_____

5. 如何才能理解和支持到孩子？

_____

_____

_____

第四章

叛逆不是孩子的错

缺少归属感，孩子更叛逆

一名师大幼儿园老师曾经在报告中提到过班里一些小孩子的特别表现：

班上有个叫九斤的幼儿，他刚刚从别的幼儿园转来时，是让老师一个头两个大的"小捣蛋"。做活动的时候不仅不听老师的指令，还四处欺负班上小朋友。老师教训九斤时，他总是和老师对着干，唱对台戏，情绪特别激动，易怒。在班上时，他老是和小朋友发生冲突。

班上还有一个小女孩叫薇薇，妈妈把她送来幼儿园时，显得很怕生，十分抗拒幼儿园的新环境，不跟旁边的小朋友玩，也不听老师的话，将近一个月后才开始和邻桌的小朋友说话，一起玩。

这些孩子的特别表现在幼儿园里比比皆是，孩子总是不愿意去上幼儿园，家长为了哄孩子上幼儿园总是焦头烂额。好不容易软硬兼施、软磨硬泡地把孩子送上了学，孩子却在幼儿园里不合群，家长为此伤透了脑筋。孩子不合群有很多因素，最重要的还是因为小孩没有产生对幼儿园的归属感，不愿意离开爸爸妈妈。于是，为了逃离幼儿园，孩子轻则像薇薇那样孤僻，拒绝接受幼儿园和幼儿园里的事物，被动防御，重则做出像九斤那样过激的行为。由于缺少对幼儿园的归属感，孩子行为变得叛逆。对于孩子来说，缺乏归属感会让他们不适应集体生活，不喜欢与同伴交往，不愿意在老师或同伴面前表达自己的想法等。

孩子归属感的培养是孩子社会性发展的重要方面，归属感对孩子未来形成积极的社会交往和掌握与人交往的能力有着重要的影响。孩子归属感的养成有利于帮孩子在集体生活中具有安全感和信赖感，在有安全感的氛围中流露本性，自然主动地打开自己的内心，与他人交往，这样将会促进孩子身心健康发展。

美国密歇根大学的研究人员的一项最新研究显示，缺乏归属感可能会增加一个人患抑郁症的危险。一个在集体中没有归属感的孩子，往往会形成压抑、不安、自卑等不良情绪，而一个具有归属感的孩子却能愉快、自信地与人交往。所以，培养儿童的归属感很有必要。

其实，归属感不只是对生活环境的简单认同，而是对环境中的物质环境、心理环境及文化氛围的综合性认可。其实，即使在家里有的孩子也会因为各种原因而缺乏归属感。

随着芬奇的渐渐长大，芬奇妈妈发现孩子越来越叛逆了。芬奇妈妈回忆孩子自上小学五年级后，便对自己很不耐烦，总是和自己顶嘴。尤其是问他学习方面的事情时，他就特别厌烦反感，老是跟父母顶嘴。为了缓解孩子和自己的矛盾，芬奇妈妈提议全家一起出去郊游，借此增进感情。爸爸知道芬奇喜欢吃草莓，还专门安排了全家一起去果园采摘草莓的活动。

但是芬奇对此一点兴趣都没有，当得知就一家三口单独去时，还嘟囔："我不去，和你们去没意思。"

我们通常把这类现象称为"家庭剥离感的初步形成"或"归属感的初步丧失"。

经过了解，我们认为芬奇的这种表现主要是因学前不合理的"分享"培育。也就是说，妈妈总是鼓励芬奇把自己的玩具和小食品带给幼儿园的小朋友们。芬奇不愿意，妈妈就反复提醒，有时还不高兴甚至生气。这种"分享"往往会使芬奇混淆"学习类物品"和"玩具食品"，从而在和妈妈的日常沟通中出现"理解误差"，芬奇也就越来越无法和妈妈沟通。所以，归属感也就开始逐步丧失，就自然形成了上述逆反现象。

要合理修复这种状况，就要合理搭建亲子沟通平台，借以有效提升孩子的家庭"归属感"，清除孩子已经出现的家庭"剥离感"，也就自然解决了使芬奇妈妈头痛的所谓"逆反"了。当孩子拥有了家庭"归属感"后，父母再和孩子围绕"学习主题"进行沟通时，孩子才会在父母的引导下主动而快乐地学习。

每个人都有觉得自己强烈归属于某个地方、某个群体的需求，孩子也不例外。也许孩子会对自己的这一潜在需求不自知，不会向父母表达自己的需求，但是父母应该用自己的切身感受来设身处地地为孩子设想他的需求。事实上，这些需求往往容易被父母忽略。有一位苦恼的家长曾经向儿童心理学教育工作者写过这样一封信诉说自己在教育孩子时遇到的困难：

老师，你好！

　　我的孩子今年9岁，即将就读小学四年级。但是孩子很贪玩，一点儿都不爱学习，回到家就打开电视看动画片，不写作业。现在放暑假了，孩子成天都不着家，在外面和伙伴们四处玩耍，一整天都见不着人影儿。老师布置的暑假作业基本没怎么写。孩子不写作业，不听话，爱撒谎，还跟大人顶嘴不认错！有时候孩子实在调皮得让人生气，我就动手打他了，没想到孩子不仅不怕，还骂人，甚至还手。我实在管教不了这孩子，总觉得这么下去，他天不怕地不怕的，哪天就惹个什么事儿出来。孩子对世界没有敬畏，指不定某天做出什么无法弥补的错事，现在越想越觉得害怕！

　　现在我们都很少打他了，只有实在太生气时才打他。也许是以前打孩子打得太厉害了，孩子才出现这么过激的行为吧！您说我应该怎么办啊？该怎么管教这孩子呢？谢谢了！

　　中国有句古话是"黄金棍下出人才"，多少年来，这句话一直作为父母教育孩子的传统育人法宝。然而，父母没有意识到的是，打孩子可能出现的最大弊端便是孩子归属感的缺失或转移。父母对孩子打骂的次数太频繁，打骂的程度太严重，孩子会渐渐排斥父母，心便不再和父母贴在一起，从而认为自己的归属感不在父母这里，于是把归属感转移到其他地方去。成人的心理核心是安全感，而孩子的心理核心是归属感，孩子的归属感在谁那儿，他就愿意听谁的话。孩子不听话，正是归属感缺失的迹象。

孩子出生后最初的需求只限于父母带给他的爱，随着孩子一天天长大，逐渐接触到除父母以外的朋友、群体和机构，开始有自我意识。这时候，孩子通过归属于某个群体，学会与他人和睦相处，在群体活动和他人的交往中形成对自我的认识。孩子一旦归属于某个群体，便意味着这个群体也需要他，接受他，这会为孩子判断自己是一个什么样的人以及该如何行动提供指引。如果孩子在长大成人的过程中，觉得自己既不归属于家庭，也不归属于学校，觉得自己被人嫌弃，他就可能到别的什么地方寻求接纳并获得归属感。为了让孩子顺利找到归属感，父母必须采取一些施爱小技巧。

培养孩子的归属感，首先要培养他对自己家庭的认同感。首先，父母要试着寻找机会多跟孩子交流，主动分享孩子感兴趣的事情，让孩子对父母产生认同心理。偶尔给孩子讲讲自己家族或自己曾经历的故事，让孩子了解自己与父母的渊源，并对自己的家庭产生兴趣。凡是举行家族活动时，尽可能让孩子参加，不要因为孩子小不懂事，会给大人添乱，就放弃了让孩子融入家庭里来的宝贵机会。

其次，学校是孩子成长的重要场所，培养孩子对学校的认同感十分必要。父母可以多支持孩子参加学校组织的一些社团大型活动，例如义卖会、音乐会等，让孩子在学校中找到归属感。平时多留意孩子的言行，当发现孩子有太多的独处时间时，父母应建议孩子加入一些社交俱乐部，或者某个兴趣团体，避免孩子出现"孤独"的征兆。老师对学生要做到尊重，让每个孩子都觉得自己是班里平等的一员，每个孩子都有机会参与集体活动，都能受到大家的重视。

最后，孩子最终要走向社会，所以父母培养孩子亲社会的态度显得十分重要。父母应帮助孩子认识社会，学会用积极的态度面对社会，同时也要给孩子一定的经济基础，让他能更好"融入其中"，注意不要一直打压孩子跟风的追求，因为这恰好是孩子寻求归属感的表现。

找出孩子产生逆反心理的深层原因

很多父母应该对此都深有体会：一向很听话的孩子变得越来越不服从管教，家长说什么都不听，做什么事都按自己的性子。其实这些都是正常的。相关心理学研究发现，当孩子逐渐有了自己的想法时，如果父母再将自己的观点强加给孩子，会遭到孩子的抵触。

燕燕的父母最近特别忧心。他们感觉孩子慢慢地变得不懂事了，学习也没那么努力了。这次考试也比上次退步了很多，家长会的时候老师还说了这件事情。燕燕的爸爸妈妈都在县城上班，燕燕考上了市里一所比较好的私立中学，于是就开始住校生活。刚进学校，燕燕经常往家里打电话报平安。不过从这学期开始，燕燕也不经常给家里打电话了，即使打电话也只是简单的问候之类，有什么心里话也不再跟妈妈说了。即便爸爸妈妈稍微问一些，她也不想说什么，如果问多了还表现得很不耐烦，只是一句"别那么烦我"便结束了对话。

燕燕的妈妈开始有点心急了，所以，只要孩子放假回家了，她就去偷偷地翻燕燕的东西，尤其是手机，留神和谁交流的比较多。这么一翻，她顿时着急了：孩子最近总是和一个男生走得很近。所以她开始有意地套孩子的话："班主任说你们班上有早恋的，你有没有和哪位异性的关系走得比较近？"燕燕立刻回答说："我才没早恋。"妈妈立刻松了口气，不过却还是不放心，又说："你知道你是学生，要好好学习，不要和男生走得太近。"燕燕着急了："可以不这么烦吗？那么多事，我最多也就跟男生讨论问题罢了。再说，难道不能有一个要好的异性朋友吗？"妈妈就不说话了。

家长最担心的便是孩子青春期的逆反。这类孩子一般都比较敏感，而且浮躁，不听家长的话。他们做事有自己的打算和想法；假如家长一直跟他们重复一件事情他们就会显得特反感；他们觉得家长的话根本不可信，如果决定要做什么事，无论家长怎么说都不会改变他们的想法；家长越是阻止的事，他们便越要去做。像燕燕妈妈一样，很多家长都对这些无可奈何，想管教又不知道该怎么做，十分为难。如果家长不能正确引导孩子的行为，就会对孩子之后的发展有不好的影响。

当孩子逐渐有了自己的思想，不管他们做什么决定，都不想让父母全权安排。那么，为什么孩子会产生抵触心理呢？父母要怎么做才会得到信任化解矛盾，而不是让孩子的反抗心理愈演愈烈呢？

1. 不要和孩子"硬碰硬"

为什么孩子会产生逆反心理呢？其实主要是因为他们觉得父

母没有给他们足够的尊重，于是他们便用这样的行为方式，来保证自己跟父母的平等。因此，父母要做的便是与孩子平等对话，让孩子感觉到你对他们的尊重，然后采用正确的方式给予疏导。记住，千万不要一对一地硬来，因为这样只会让问题更加严重。

2. 别对孩子说太多的"不"

很多家长经常说的都是"不行"。我们经常会听到家长用一些否定性的词语来命令孩子做事。孩子是有自己的意识的，他们不想让自己被家长摆布。所以，父母要给孩子足够的成长空间，即使他们犯了错，也不要过多指责，而应和他们一起分析原因，给予鼓励，并且要跟他们分享成功的乐趣，不要让他们过分受限制。

怎样理解孩子的攻击行为

    李女士把 4 岁的珊珊放到床上让她小睡，但珊珊不习惯做她不喜欢做的事，也不喜欢在下午睡觉。珊珊开始发出尖叫，她尖叫的声音大得足够使四邻不安，使李女士烦躁的神经更加紧张，接着珊珊眼泪汪汪地要各种不同的东西，其中包括一杯水。开始李女士拒绝执行她的要求，但是在她的尖叫声又一次达到顶峰时，她屈服了。当水拿来时，这个恶作剧的孩子又把它推到一边，拒绝喝水。因为她觉得妈妈拿来得不够快。李女士端着水站了几分钟，然后说如果她数到"10"珊珊还不喝她就把水拿回厨房。珊珊紧闭着嘴巴等着数数，"8、9、10！"当李女士拿起水走向厨房的时候，珊珊又尖叫着要喝水。珊珊像个跟屁虫一样不远不近地追着她烦恼的妈妈，直到她厌倦了这种游戏。

    王启是某小学四年级的学生。一天上课，他趁老师转身在黑板上写字时，拿圆珠笔使劲戳同桌的手指，痛得同桌大叫起来。结果可想而知：请家长、做检讨，真是害人害己。

据同学们反映，王启在班上学习成绩很差，也不喜欢体育活动，但他爱欺负别人。他上课喜欢做小动作，揪前排女生的头发；将废纸团扔到别人桌上；起立时故意将旁边同学的椅子拿开，好让同学坐下时摔跤出洋相，惹全班发笑；别人从自己身边路过时，装作不注意把脚伸出去绊倒别人。

班主任说，很难在王启身上找到什么优点，他唯一的嗜好就是欺负比自己成绩好又打不过自己的同学。王启的父母离异，他一直跟母亲住在一起。他母亲工作很忙，很少有时间管教他。他成绩不好，母亲就总是批评他不好好学习，但许多事情都是由着他的性子来。

为什么有些孩子身上容易出现攻击行为呢？精神分析专家弗洛伊德认为，人具有攻击他人、攻击自己的先天性的本能。诚然，人的攻击行为会受到遗传以及环境中过多可模仿的暴力情景等因素的影响，不过心理学家普遍认为，人的攻击行为与挫折有关。有这样一个心理学实验：让两组孩子观看一间装有诱人玩具的房间，第一组孩子先隔着铁窗看，不允许马上进屋玩，从而引起了孩子的心理挫折；第二组孩子观看后马上可以进屋玩。结果发现，第一组孩子在后来进屋时，有许多人故意损坏玩具，表现出发泄性攻击，而第二组孩子则能平静地玩玩具。

可见，心理挫折是导致攻击行为的较为直接的原因。因为孩子的成长并不只是被动地适应周围父母、老师的要求，他们会积极主动地寻求认同，希望得到关注，不知不觉地也在试图找到一条适合自己成长的道路。当孩子的这种寻求认同和关注的需求受到挫折与打击时，必然会引起他们的消极情绪，而攻击行为是发泄这种消极情绪的一种方式。当孩子还没有掌握该如何排解自己的沮丧时，最简单和直接的方式就是攻击。

另外，当孩子的行为长期得不到关注时，他们会自发调整自己的行为，或是变得消沉、软弱，或是通过各种方式来试图引起大人的注意和自我的满足。例如，通过制造各种麻烦，以此引起父母的注意，或者通过攻击他人来表现自己的"强大"，以满足自己追求成功的心理需求。许多孩子在欺侮他人之后会感到自己有"力量"，即使受到学校批评也不以为然，甚至觉得自己的行为能引起校方注意是件大好事，于是"屡教不改"。

一般来说，爱打架的学生大多成绩不理想，他们在学习和各项集体活动中屡受挫折，几乎难以得到表扬，因此容易产生攻击行为（当然还有些孩子会产生退缩行为，如害怕与人交往，寡言少语等）。前文所述的王启就是一个典型，他将欺负别人看成是自己的"特长"，总觉得自己什么都比别人差，别人根本瞧不起自己，只有欺负别人时才会引起同学、老师、家长的注意，只有使同伴惧怕，才能产生一种"成就"感。因此，如果不帮助这类孩子减轻或消除他们的消极情绪，只是一味地批评、威胁他们的话，就会让他们陷入"挫折——攻击——不良心态的满足——再次挫折"的恶性循环。

还有的家庭不是家长忽视孩子的成长，而是家长"怕"孩子。曾经有一位家长异常伤心地"控诉"自己的孩子，年满16岁的儿子脾气特别坏，拒不服从父母的任何要求和命令，一遇到不顺心的事就向父母发泄，常常因为一些鸡毛蒜皮的小事向父母发火，又是摔杯子，又是踢家具，父母有苦说不出。心理学家通过调查发现，如果父母总是对孩子提出过多的要求，给予过多的责备和批评，又不顾及孩子的反应，而且常常以消极的、羞辱的方式提出批评，势必招致孩子的不满和挫折感，受到孩子的抵抗乃至攻击。

理解孩子的攻击行为，是帮助孩子摆脱攻击性的第一步。家长给孩子提出的要求要适度，不要让孩子总是陷于达不到要求的挫败之中。要多发现和鼓励孩子的优点，帮助孩子树立起基本的自信。要引导孩子认识自己的情绪，教孩子学会一些自我疏导消极情绪的方法。通过这样的方式能帮助那些爱惹事的孩子找到一条被同伴接受的生活之路。

孩子为什么会无理取闹

对孩子发脾气恐怕是父母最不愿意做的一件事。但有的时候，父母会觉得孩子真是格外的"缠人"，近乎无理取闹，会将自己的耐心一点点地消耗殆尽，就如下面的一幕。

妈妈："我真不懂你为什么会这样？左不行，右也不行。你究竟要干什么？"孩子："我没干什么，我只是想把小火车摆在地上。"妈妈："我同你解释过了今天要装吊灯，不能在地上摆东西。你可以去玩其他的，你没有听明白吗？"孩子："我不管，我就是要摆。"今天装修工人要来，妈妈不是十分有闲暇，于是忍耐不住地爆发出来。"我同你讲了这么多遍，你还是不听，你究竟想要怎么样？"这时妈妈已经是在吼叫了。孩子脸上显出一丝恐惧，但是他仍旧没有放弃，只是怯生生地望着妈妈，摇着她的手坚持说："我就是想玩小火车。"于是妈妈终于威胁地说："我要打你屁股了！"

终于妈妈打了几下，孩子委屈地大哭起来。当他平静下来，疲倦地靠在妈妈身上时，妈妈忽然意识到，原来孩子是困了。想起今天早晨他起得非常早，所以，一上午都有点儿情绪不佳。原来是这样。妈妈开始觉得于心不忍："傻孩子，你怎么不告诉妈妈你没睡够啊！"孩子还是倔强地说："我没困，我就是想玩那个东西。"

其实，成人也有意识不到自己烦躁的根源或拒绝承认自己情绪不佳的时刻，我们会说某人真是在莫名其妙地发火，他自己也这样说。如果他认真自省一下，一定会发现有什么不如意的事情在打扰他。比如，没有足够的睡眠，在工作上被别人小小暗算了一下，或某一件事做得不漂亮等。如果我们静下心来想一想，寻找根源，有的放矢地疏导自己的情绪，便会免去他人的疑惑和不快，自己的心情也会慢慢好起来。遗憾的是，不是所有人都这么明智。成人都有拒绝承认自己的烦恼的时候，更何况是孩子。

孩子情绪不佳时，有时与睡眠不足有关。幼儿需要十分充足的睡眠，但恰恰最不喜欢睡觉。你若问他想不想睡觉，90%的时间他会说："我一点也不困。"但除了在极兴奋的状态，孩子的身体对睡眠是十分敏感的。做什么都不起劲，很容易烦躁。因此，当我们看到孩子十分扰人时，可以考虑他是不是要睡觉了，是不是前一天玩得有些"过猛"，即使保证了正常的睡眠时间，也还是没有得到足够的休息，因此"闹情绪"。

当然，此时即使我们判断出他恼人行为的动机，如果直截了当地去对他讲："我看你是困了，早点睡觉吧。"孩子一定会说："我不困，一点也不困！"这样会让他有些被人抓住了"把柄"而更加恼怒的样子。在这种情况下，应当多动些脑筋，用间接的方法将他引向睡床。例如对他说："你要不要洗个泡沫澡？"洗泡沫澡是孩子喜好的一项活动，给他丢一些玩具在澡盆中，温水一泡会让他觉得很舒服，很放松，睡意会更明显，规定好在水中玩耍的时间，一出澡盆便顺理成章地可以上床睡觉了。

有时候，孩子情绪不好不是因为睡眠不够，而是因为充沛的精力没有得到足够的发泄。如一天都在房间里转来转去，没有同小朋友一起尽情地玩，因而总是来"骚扰"父母。在这种情况下，父母明智的做法是暂时放下手中正在做的事情，全心全意地与孩子玩一会儿，让他心满意足，这样父母才能有机会真正回到自己要做的事情中去。

对于孩子的行为，父母常常会感到恼火、费解，甚至愤怒，因为孩子不肯服从家长的教导，甚至是"我偏偏要这样做"的有意逆其道而行之。要想正确引导孩子，首先要懂得孩子为什么要这么做。任何人做事都是有目的性的，即使他本人有时并未意识到这一点。孩子从一出生就在探索能使他获得归属感与参与感的手段。对能使自己感到有归属感的行为，孩子会不断重复地去做，而使他感到对寻求归属感无所帮助的行为却很快被放弃。孩子认为，获取注意力，展示权威、报复及自暴自弃都是与寻求归属感和重要感有关系的，他们觉得被关注和展示权威有利于他们寻求归属感和重要感。报复使缺乏归属感、重要感的孩子得到一种心理上的补偿，自暴自弃是对自己失去信心的孩子的常见表现。

只有当我们正确地理解孩子的行为动机，才能有针对性地采取有效的方法对孩子进行正确的教育与引导。孩子同样的举动可能出于不同的动机，如孩子不肯吃饭，可能是想让父母照顾他，可能是想引起注意，也可能是想向父母表明他的想法，究竟是哪一种动机则要据情而度。

很多家长习惯于用批语、惩罚、说教和痛苦来使孩子变好、不做错事，其实鼓励才是最有效的帮助孩子克服捣乱行为的方法。

对不同目的引起的行为，我们可以采用如下方法：

1. 寻求注意型

给他们机会做自己的助手，使他们感到自己是团队重要的一个成员。多花一些时间与孩子在一起，理解他的想法，经常向他表露自己对他的感情，如拥抱、抚摸等。

2. 显示权力型

同孩子讨论问题，寻求双方都接受的解决方法，给孩子留有选择的余地。

3. 寻求报复型

避免对他们的行为做出强烈的反应，以免陷入与他的抗衡，而要待他的情绪平静后再和他沟通解决问题。

4. 自暴自弃型

要多鼓励他们，从根本上让他们建立对自己的信心，父母要表现对他们无条件的爱。

如果父母能够认识到孩子行为的动机，就应停止对孩子的训斥，而给予孩子关注，并对孩子表示赞赏与鼓励，使孩子感受到归属感和重要感，只有这样问题才会迎刃而解。

总之，孩子是不会"无理取闹"的，如果闹起来，总是有他的原因。父母应该用心考虑一下，去找出孩子行为的动机。懂得了孩子"闹"的原因，自然也就容易找出"对付"的办法。

为什么孩子把父母的话当耳边风

有这样一则寓言，说一个孩子在山上放羊，他大声喊"狼来了！狼来了！"山坡下干活的人们都跑上来救他，结果却发现是这个放羊的孩子在骗人。几次以后，孩子再喊"狼来了"的时候，山下的大人谁也不上来了。后来狼真的来了，孩子在山上呼救，山下的大人都认为又是那个孩子在骗人，都不上山来救他，结果可想而知。

父母也常常犯同样的错误。他们常常抱怨孩子对自己的要求毫不在意，充耳不闻，经常会说的一句话是"我和你讲了一百遍了，你为什么不听"。听了这句话，孩子的反应会是什么样呢？"还不是老一套""哎呀，又来了，都烦死了""妈妈，求求你啦，我改还不行吗，快别说了"，之后依旧我行我素。那么，父母为什么拿这句话去问孩子而不问问自己呢？

当我们警告孩子时，当我们对他们无所顾忌的行径不可忍受而要采取行动时，我们应该清楚这一警告是否真的要实施，我们是否要照说的去做。如果我们根本不会去实行，那就不要对孩子讲，不然的话只能使孩子对你所说的话大打折扣，甚至完全失去可信度，认为你不过是说大话吓唬人，故意危言耸听。有了这样的想法，孩子自然会对父母的批评充耳不闻。有些时候，父母对于一些显而易见的道理总是过多解释，反复强调，父母总是觉得孩子终究会领悟他们所叙述的道理而改变自己的不正确行径。而孩子并非不懂得该怎样做，但他们大都对家长的"唠叨"觉得厌烦，于是非但不改正，反而变本加厉。

朱丽是一个富裕家庭里的独生女儿，多次要求妈妈给她的房间单独装一部电话，这样她更方便与同学或朋友聊天。经过多次的努力，朱丽在向妈妈保证不会总与同学在电话里讲个不停，从而影响学习和睡觉之后，妈妈终于同意了。可朱丽只要在自己的房间里，70% 的时间都花在电话上，有时夜深了，朱丽还在电话上讲个不停。妈妈意识到自己犯了一个错误，同爸爸商量准备取消朱丽的电话线，可把电话线取消又怕朱丽很恼火。妈妈不断地告诫朱丽："你若再这样没完没了地打电话，我就将你房间的电话拿走。"在妈妈第一次讲要取消电话线时，朱丽还有些顾忌，开始几天还照办。但妈妈反复声明，却未见行动，朱丽便拿准了妈妈的心思，知道她并不想这样做，因而依然我行我素，此时妈妈对朱丽的警告已经失去了作用，后来朱丽干脆对妈妈的提醒与告诫充耳不闻，无论妈妈怎样反复强调，朱丽都置若罔闻，而妈妈也只是继续一遍又一遍的警告强调，但朱丽仍是我行我素，屡教不改。

这位母亲的尴尬在于有些自寻烦恼。在向朱丽提出取消电话线之前，就应该对自己取消朱丽房间电话线的反应进行考虑，如果认为这样做代价太高难以实现，就不该向朱丽说明而应另寻他途。如果妈妈认为为了教育朱丽这样做是值得的，就可以向朱丽说明。在朱丽明知故犯时就应果断地给电话公司打电话，取消电话线的服务，以此向朱丽显示妈妈是说话算数的，朱丽因此便不会拿妈妈的话不当回事了。

许多父母认为自己对儿女体贴入微，照顾周到。而儿女却体会不到，反而处处发难，令人伤心劳神。其实孩子并不是有意与父母发难，而是因为父母教育子女的方式不正确造成的，比如管得太宽、太严、太细致，本心是关心孩子，却给孩子提出了过分的、不合理的要求，里面还带着强迫命令的成分、专制的成分。这时你不妨反思一下自己的教育方式，然后给孩子足够的自主权，多从孩子的角度思考问题，避免他们因在一些小事上对父母的强制作风不满而拒绝接受所有的要求。

父母总是给孩子规定出电视的时间，但孩子一坐在电视机前就忘掉了这些规定。"到时间了，不能再看了。""好的，过一会儿，我只再看一会儿。""不行，快关上。"如此反复，直到妈妈生气地把电视机关上，或孩子听着妈妈训斥的语调都变了，才把电视机关上。我们有时都不能克制自己在电视机或电脑前不舍离去，更何况孩子。父母的催促往往起不了什么作用，孩子的想法是能拖一点时间就尽量拖后一些，所以尽管嘴上答应着却没有动作，如果妈妈把电视机关了，孩子也就去做其他事情了。这里要强调的是，父母也要以身作则，如果自己坐在电视机前纹丝不动难以脱身，却一直喊孩子该学习了，恐怕很难鼓励孩子去照章行事。为孩子规定电视时间实际上也是对大人自己的一个很好监督。

早晨起床在洗漱和穿衣服的问题上，12岁的婉儿很不愿听妈妈的指挥，还似乎在有意与妈妈为难。"你今天穿那件新买的便装，我把它找出来放在你床边的椅子背上了，你没看见吗？""我今天不想穿那套衣服。""买的时候，这不是你自己挑的吗？为什么你不穿呢？""我就是不想穿。""莫名其妙！""今天你一定要穿那一身，否则我就把它送给孤儿院！"可婉儿仍是不肯穿。

妈妈要求婉儿先洗脸再漱口，一般人都会如此做，但先漱口再洗脸也没有关系，妈妈却日复一日地检查，这显然使婉儿感到厌烦，认为这不是每天必查的功课，妈妈多此一举，所以有意"抗旨"。而妈妈不知自己的话在女儿身上现在已成了耳旁风，起作用也是起反作用。这时妈妈应该反思一下自己的要求是否有执行的必要，是否需要严格执行。如果并非如此，妈妈却执意坚持，便会导致女儿的反抗，使双方卷入权利抗争。

在穿衣服上也存在同样问题，做妈妈的给孩子买了一件新衣服，希望她穿上高兴，对女儿来说，既然是自己挑的也会有兴趣穿。但如果妈妈一直催促女儿去穿，而且渐渐转成命令，女儿的心里就会不快，这种不快就会生出厌烦情绪，对衣服本身就会不感兴趣，或有意抵制妈妈的要求，结果为一件不值得的事情搞得母女俩面红耳赤。妈妈当然是爱女儿的，但在她的作风中有很强的专制成分，女儿的每一个细微举止都为她所控制。妈妈应该明白，一个孩子对自己喜欢什么样的衣服已经有一些概念，妈妈应尊重她的权利，让她自己选择想穿的衣服。强制的结果是女儿即使十分喜欢这套衣服，也会因为厌烦母亲的专横而故意不穿。

父母要学会从与孩子的冲突中撤离

　　张浩是一个比较听话的孩子，但在爷爷家度过了一个暑假回来之后，父母发现他有了小脾气。他常常会为一些小事没完没了地闹，妈妈越小心，张浩越难侍候，像一只小刺猬，搞得妈妈很头痛。在爷爷家受到了什么特殊待遇不得而知，但妈妈对于如何应对张浩一时却无所适从。妈妈要带张浩出门去做客，让他换下身上的脏衣服，张浩一口拒绝。妈妈将衣橱里所有的衣服都拿出来吸引张浩，他就是不换。"你不想去冰冰家和冰冰玩了吗？""想。""那你就得换衣服，你已经5岁了，该懂得什么是脏、什么是净、什么是漂亮。到别人家做客就应该穿得干干净净、漂漂亮亮的。""不换，就是不换！"妈妈渐渐失去了耐心，抓住张浩开始扒他的脏衣服。张浩拼命挣扎，大喊大叫，将妈妈好不容易给他穿上的衣服又脱了下来，气得妈妈在张浩身上打了几下。张浩哭得更加厉害，转身又将那件脏衣服穿上，泪眼婆娑地看着妈妈。妈妈真不知如何是好，只能蹲下来说："宝贝，一会儿妈妈给你买电动手枪，对门林林有的那种。"孩子点点头。"那把干净衣服穿上好吗？"妈妈费了九牛二虎之力，终于给张浩穿上了干净衣服。

张浩的目的是想好好展示一下自己的权威，他可以不听妈妈的话，逼着妈妈与他"打仗"，而妈妈也正如他所希望的那样与他争执不休。因为妈妈要带孩子出门做客，因此无论如何也要想办法让孩子换上干净衣服，张浩对妈妈的这种心理可能也有所察觉，因而更有兴趣与妈妈周旋一番。这种情况下妈妈只有两种选择：一是如上所发生的那样采用"利诱"的办法，这当然是不明智的，因为这样等同于鼓励孩子下次如法炮制；另一种方法就是向孩子说明做客必须穿干净衣服，如果孩子坚持不换衣服，只能取消做客，然后让孩子考虑5分钟做出决定，若超过5分钟孩子仍然不换衣服，那便给朋友打电话说明情况表明自己这次不能参加了。干完这些以后，父母应该回到自己房间或去干自己的事情，摆出可走可不走的姿态，将这次是否去做客确定为完全取决于孩子是否会换衣服。这样张浩就没有必要再向母亲示威了，除非张浩根本不想去。当然，父母这样可能会付出一定的代价，如一次很好的聚会可能被取消，朋友可能也会因此而不开心，但这样不仅仅为这一次的事件找到了出路，更避免了今后许许多多类似的事情。

小东升4岁了，吃饭时一不小心把粥碗弄翻了，洒了自己一身。妈妈应声赶到，看到这桌上地下的脏乱情景，不由火冒三丈，但她并未说什么，只是对小东升说："怎么不小心点？

快来孩子，我们去洗一下，换件干净衣服。"小东升跟着妈妈到了洗手间，等妈妈放好水，给他准备好衣服后，小东升却突然改变了主意，不让换不让洗，躲躲闪闪。妈妈给小东升讲了一会儿道理，仍不奏效，生气中的妈妈按捺不住，上去紧紧抱住他，把他放到了澡盆里。小东升又哭又闹，在澡盆里哭天喊地地挣扎，妈妈只好抓住他的胳膊用力按住他，将他的胳膊抓出了一道红印儿。待擦净穿衣一切弄好后，小东升抽泣着将自己关在房中，仿佛受了莫大的委屈伤害。妈妈也回到自己的屋里，感到一阵阵的内疚。本来是很轻松愉快的一顿午餐，却搞得儿子苦不堪言，妈妈气喘吁吁。

这件事不妨这样处理，做妈妈的或许能少受许多周折。在小东升拒绝换洗时，妈妈应告诉他："这么脏不但自己身上很不舒服，也会将其他东西搞脏。"如果孩子坚持不换，妈妈可以走开，继续做自己的事，孩子身上的确不舒服会回来找妈妈的。

"尼尼，晚餐好了，进来吃饭吧。"妈妈对在院子里玩的6岁的孩子喊。"好的，一会儿就来。"

爸爸和妈妈在桌旁坐下来，等了一会儿，见尼尼还没有来就开始用餐。过了一会儿尼尼跑了进来，看父母已开始吃饭，并没有招呼他，有些不自在。他在自己座位上坐下，挑剔地看了看面前的盘子："又是炒芹菜、土豆丝，我不爱吃，我要吃牛肉炖柿子！""不要闹，尼尼，家里没有现成的牛肉，要到市场上去买，还要用高压锅煮熟，今天就吃这些，明天我们再做好不好？""不，我今天就要吃牛肉炖柿子。""好孩子，快吃饭。""我不。"尼尼将身体仰靠着椅子背，将眼睛盯着天花板，一副没完没了争执下去的样子。一直未开口的爸爸很生气，说："你妈做什么你就吃什么，再这样闹下去就回自己的房间。"尼尼转身离开了，但不是回到了自己的房间，而是跑到外面找朋友玩去了。

父母让尼尼吃饭却毫无效果，不难预料下次尼尼会变本加厉，让父母感到无可奈何。不管尼尼是真的不愿吃芹菜、土豆丝，还是他不饿，或只以此为借口挑起事端，事件发展到爸爸命令尼尼吃饭，尼尼却拿定主意不吃。试想，如果父母采取另外一种方法处理会怎样呢？

尼尼走进餐厅，看到父母正在用餐，自知来迟，不免有些不自在，看见父母不招呼他，心里不免有些不大舒服，便借题发挥起来，看他们有什么反应。"我不喜欢吃芹菜和土豆丝，我要吃牛肉炖柿子。""今天晚餐是芹菜和土豆丝，只能这样了，你若喜欢吃牛肉炖柿子，明天我们可以做。"妈妈告诉尼尼然后继续用餐。"不行，我不喜欢芹菜和土豆丝，我要吃牛肉炖柿子！"爸爸妈妈没有反应，也没有回答的意思。尼尼等了一会儿："那明天咱们吃牛肉炖柿子。"妈妈很快回答说："可以，我明天去买，快吃吧。"尼尼端起饭碗吃了起来。

这里之所以没有转变到冲突的地步，是因为父母的态度掌握得好。在日常生活中，我们经常看到许多家庭一边吃饭一边争论，或者父母在饭桌上教训孩子，结果饭也没吃好，自己生了一肚子的气，还没达到教育孩子的目的。相反，第二例中，父母在讲完自己该讲的话后，没有与其边吃饭边争论，在餐桌上教训孩子，而是从冲突中撤退。

在大多数这类冲突中，我们应很熟练地从冲突中撤退出来，孩子们的反应是可以预料的，也是很有趣的。孩子十分依赖与父母之间的联系，只有如此才能有安全感与归属感。父母的撤离，留给孩子一个孤独的感觉，这样的局势是孩子很不喜欢的。他们很快会意识到，只有改善自己的行为才能避免这种局面，不然的话爸爸妈妈都会不理自己了。有时，孩子在被父母冷落后，会想到自己的错误，或者觉得很没理，或者觉得很不好意思，他们会主动找机会悄悄跑到妈妈身边，嘻嘻哈哈或磨磨蹭蹭，以表示自己现在很乖。

有时候，孩子故意挑衅，想看看自己究竟能将父母推到哪里，或者是想探知父母的界限在哪里，他们是不是有办法对付自己，

就像捉迷藏那样。此时，父母应该从他们的挑衅行为面前即刻撤离退出，这等于是告诉孩子"你走得太远了，这里就是界限"。孩子们会很快地领悟到其中的道理，并调整自己的行为，重新回到与父母合作的状态。

◇ 为什么孩子不听话 ◇

父母为什么总是拿这句话去问孩子而不问问自己呢？

到时间了，不能再看电视了。

为孩子规定看电视的时间，实际上也是对大人自己的一个很好的监督。

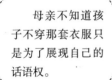

母亲不知道孩子不穿那套衣服只是为了展现自己的话语权。

对于一些显而易见的道理，父母不用过多解释。孩子并非不懂该怎样做，他们大都有着自己的不情愿或其他目的。

高情商家教思维

1. 为什么孩子会叛逆？你的孩子都有或者曾经有过哪些叛逆行为？

_____

_____

_____

_____

2. 如何让孩子摆脱打架等攻击性行为？

_____

_____

_____

3. 如何帮助孩子摆脱调皮捣蛋、无理取闹的行为？

_____

_____

_____

4. 为什么孩子会把家长的话当耳旁风？如何改变这种现象？

_____

_____

_____

5. 父母如何学会从与孩子的冲突中撤离？

_____

_____

_____

_____

第五章

爱得多不如爱得对

家是孩子心理的"安全岛"

　　亲子关系主要影响孩子的情绪和情感表达方式。有关研究发现，成年人很多心理疾病和障碍，都与童年时期缺乏爱，特别是缺乏来自妈妈的爱有关。

　　孩子如果得不到来自父母足够的爱，就有可能会造成性格方面的缺陷，甚至形成人格或行为障碍。心理学家认为，父母与孩子的关系是依赖性的，这种依赖性是除了父母以外任何家人都无法给予和替代的。这是因为，孩子需要父母的抚养，也需要父母的爱，而来自父母的爱可以让孩子感觉到充分的安全感。这种安全感，对今后孩子自我认知的发展以及自信、自尊等心理素质的发展，都有着至关重要的作用。

　　美国心理学家艾恩斯沃斯曾经做过一项"陌生情景"法的实验：他通过观察婴儿与母亲短暂分离、处在陌生情景中的反应和行为表现，来测定母婴依恋的模式，判断孩子是否具有安全感。实验发现：妈妈离开时没有反应，回来时也不拥抱孩子，那么孩子对妈妈是回避的态度，这样的孩子安全感较弱。而那种妈妈在场时很主动探索周围，妈妈离开时哭闹一下，但很快就能自主地玩了，妈妈回来后拥抱亲吻以后，能很快平静下来接着玩的孩子，才是拥有健康亲子关系、也很有安全感的孩子。

家是孩子心理的"安全岛"，是孩子培养快乐的基地。刚刚出生的婴儿被妈妈抱在怀里吮吸乳汁时，他的一双小眼睛总是望着妈妈。小孩子在妈妈身边可以无忧无虑地跑跳，遇到陌生人时就会紧紧地抱住妈妈，或是悄悄躲在妈妈的身后……这一切都说明，母爱能使孩子感到安全，能让孩子毫无顾虑地去探索、发展，能让孩子健健康康地成长。

琪琪从一出生就得到了爸爸妈妈无尽的关怀和爱护。与多数妈妈不同的是，琪琪的妈妈会毫不吝啬地对女儿表达自己对她的爱意，告诉女儿妈妈爱她。两三岁的时候，琪琪似乎比同龄的孩子好奇心更强，更勇于探索。她可以坦然地摆弄家里的每一件物品，放心地和小朋友捡树叶、蹲在蚂蚁洞旁边看蚂蚁，胆子比年龄相仿的女孩大很多，而且特别自信。在幼儿园里可以完全自理，不需要老师过多照顾她，有时还能帮老师的忙一起照顾安慰其他小朋友。琪琪的妈妈觉得，女儿之所以如此"胆大心细"，正是因为在她小小的心里肯定了这样一件事——无论何种情况下，她都不会失去爸爸妈妈的爱，所以她是安全的。

爱孩子是每一个妈妈的本能反应。但是，有爱不代表就能让孩子感到快乐，有爱不代表孩子就能感受到生活的幸福。妈妈的爱，只有让孩子感受到，才能让孩子感到安全，感到幸福。就像苏联教育家马卡连柯所说的那样："没有父母的爱所培养出来的人，往往是有缺陷的人。因此，社会要使它的每一个成员——不管他是多么幼小——都得到真诚的父母之爱。"

作为孩子的父母，应该尽可能多地抽出时间和孩子在一起。每个孩子都需要从父母那里得到足够的重视。在每天工作之余，父母要尽量腾出一些时间参加孩子的游戏，和孩子一起读书，为孩子提供接触外界的机会，学会倾听孩子的心声，和孩子一同成长。

爱得不对也会是一种伤害

美国家庭心理咨询师茱迪斯·布朗在《都是为了你好》一书中指出："在家庭中，妈妈有着强大的需求，但是这些需求往往被高尚的托词乔装遮掩，暗中扭曲孩子的生活。""都是为了你好"就是最常用来遮掩父母内心需求的高尚托词之一。

孩子不想吃饭时，父母会端着碗在身后追着喂："再吃一点吧，为了你的营养，为了你的身体好！"

父母给孩子报了钢琴班、美术班、舞蹈班、英语班，每天陪着孩子东奔西跑上课练习考证："为了你的将来着想，为了你的前途好！"

无论孩子做什么，父母都会参与其中，干涉孩子的想法："听我的，这都是为了你好！"

茱迪斯·布朗曾经说："妈妈们自欺欺人的通病就是，他们为孩子做的一切，无论如何都满足了他们自己，却总说成是为了孩子。"

"我都是为了孩子好"表面看起来很有道理，实际上却非常荒谬。在这个旗号下，父母不仅参与孩子所有的行为，强迫孩子接受父母的选择：委屈不许哭、失望不许生气、高兴不许喊、对父母的话要时刻牢记、对父母要有感激之情……但是请父母安静地思考一下之后扪心自问："你呕心沥血所做的一切，真的都是为了孩子好吗？"

冬季的一天，气温骤降。听到有人敲宿舍的门，小秀站起来去开门。打开门一看，自己的妈妈拿着一件羽绒服出现在自己面前。原来是妈妈听说降温，冒着刺骨的寒风骑车来学校给孩子送羽绒服。

小秀感到啼笑皆非，她告诉妈妈自己并不需要羽绒服。"我这里有足够的保暖衣服。这么冷的天，我们都在宿舍里念书，不会出去的。再说，您顶着大风来给我送衣服，就不怕自己生病啊？"

妈妈听了孩子的一番话，十分恼怒地说："我这不是怕你冷吗？怎么了，我关心你不对吗？我这不是为了你好吗？你怎么这个态度？"说完扔下衣服扭头就走了。小秀追出来让妈妈进屋坐一会儿，她好像没听见，连头都没回。

妈妈感到很委屈，她觉得自己这样心疼女儿，顶着寒风去送冬衣，简直是个伟大的英雄！一路上，她都在想象女儿看见自己时会多么的感激涕零。然而女儿的表现让她失望极了，孩子不但不领情，还将她拱手送上的温暖拒之门外。

女儿也很委屈，她觉得自己已经能够照顾自己了。这么多同学的妈妈都没有来，偏偏只有自己的妈妈来了，小题大做。妈妈总是命令自己无条件地接受关怀，也不看自己到底是不是需要。

"我都是为了你好！"凡是这样说话的父母，内心都有一种自以为是的态度，他们把自己当成孩子生活的总指挥，是居高临下的对孩子人生的掌控者，这样的父母总是在说："听我的，我知道什么是对你最有益的！"

　　但是"都是为你好"的隐含意思是"我为你好才这么要求你，所以你不论喜不喜欢，都必须照办"。这里面还包含了一个前提：孩子自己不知道什么对自己好，所以一切都要听父母的。说这句话的父母没有把孩子当成独立人格来尊重。

　　故事中小秀的妈妈认为自己是伟大的，无论何时女儿都应该满怀感激地接受她的爱，否则就是没有良心。然而，妈妈的做法仅仅顾及自己的想法，却丝毫没有考虑女儿的感受。茱迪斯·布朗将这种"爱"称作"慈祥的虐待"。实际上，这种"爱"所带来的心理伤害，绝对不亚于暴力行为留下的创伤。

　　当孩子质疑父母的行为时，父母用一句"我都是为了你好"蛮横地拒绝了孩子的意见。因为这句话的潜台词就是"我的动机是为你好，所以你无权置疑我的行为，即使事实证明我错了，我也不需要道歉，而且你下次仍然应该无条件地服从我。我整天都在为你好，你应该记住我的恩情，你欠我的"。父母怀揣着如此蛮不讲理的想法，哪个孩子还敢表达自己的意见呢？这时父母扮演的是"债权人"和"施予者"角色，扮演这种角色的目的就是要保持对孩子的控制。于是父母就这样轻而易举地实施了对孩子的精神控制。

　　在这句话的威胁中成长的孩子往往既不会表达愤怒，也不怎么会表达爱。他经常压抑自己的愤怒和感情，习惯于以别人的标准来要求自己，而且不敢和父母做直接的交流，因为交流之前他们的脑海中就已经浮现出了父母大怒的样子。

　　常把这句话挂在嘴边的父母请好好反思一下："都是为孩子好"真的是为孩子好吗？你真的确定你为孩子选择的就是最好的吗？你是不是用这句话扼杀了自己孩子原本存在的无限可能的人生？父母一定要时刻提醒自己，不要用爱限定孩子的人生，孩子的生活要孩子自己去探索与创造。哪怕他们在生活中走了弯路，撞了满头包，那也是他们生活的一部分，这些经历会让他们的人生更加丰富多彩。父母不妨这样想："也许孩子自己选择的人生比我设定的要精彩得多。"

粗暴是毁掉亲子关系的刽子手

我国自古以来，家长对孩子最拿手的教育方法就是打。"打是亲骂是爱""树不修不成料，儿不打不成才""棍棒底下出孝子"，这些都是代代相传的教子经验。孩子犯了错，一些脾气暴躁的家长在恨铁不成钢的怒火下，失去理智地对孩子进行打骂，想以此来促使孩子改正错误。然而，这种粗暴的教育方法，真的能见成效吗？

家长打骂孩子，其目的是想使孩子克服缺点、改正错误，帮助他们分清是非，明确努力的方向。但是，打骂本身并没有指明什么样的行为是正确的、应该的，起不了教育作用，但随之而来的常常是孩子的消极情绪。在父母的打骂下，性格倔强的孩子容易产生抵抗情绪，产生对父母的对立、怨恨情绪，也容易在家长的影响下变得性情暴躁，行为粗野，对同学和伙伴也常拳脚相向；性格怯弱的孩子则会产生恐惧心理，在父母面前唯唯诺诺，胆小怕事，没有主见，只有服从；还有的孩子常用欺骗、说谎的办法来逃避父母的训斥、责打。

打骂的教育方法，不但不能达到家长的教育目的，而且会使孩子形成说谎、冷漠、孤僻、仇视、攻击等心理问题，而这可能会成为日后不良行为甚至走上犯罪道路的根源。在孩子小的时候，他可能会因父母的粗暴态度而产生较深的刺激，引起心理变态；如果是较成熟的青少年，则可能会因父母的粗暴态度，而仇视父母，视父母为路人。

有个男孩曾经在周记里写道："每当我看见其他同学高兴地和爸爸一起时，我就更加恨我爸爸。因为他经常无缘无故地打我、骂我，特别是他打麻将输了的时候，我得躲进房间把门反锁才能躲过一劫。有时候我真想自己睡醒后手里有一把枪，那样，我就可以摆脱这种痛苦的日子了。"

可见，经常打骂孩子，对孩子的心理健康成长会造成多大的障碍。刚开始时，孩子可能还会慑于父母的权威而服从，时间一长，就会变为不理不睬，甚至反抗、犟嘴，对父母不尊重。到了这个地步，父母又该怎样教育孩子呢？

可见，粗暴是毁掉亲子关系的刽子手。孩子认识世界是从父母身上开始的，如果父母运用适当的方法去教育孩子，孩子会乐意接受。但父母若采用简单粗暴的打骂方式，就会使孩子幼小的心灵蒙上阴影，觉得父母不可亲，进而渐渐地与父母感情上疏远，情绪上对立，不愿对父母说心里话，甚至仇视家长。

给孩子童年留下美好的回忆

　　父母是不是曾经有过这样的经历：看到孩子就觉得很烦，不想理他或者想动手打他。尽管你心里清楚地知道孩子没有犯任何错误，这对他不公平，但是你就是忍不住。

　　其实父母在教育孩子的时候，都会受到自己所受的教育方式的影响。我们教育孩子的经验一般都来自父母教育我们的方式，而童年发生的事情对于一个人的影响是很大的，父母对待孩子的态度基本上都会与上辈人教育他们的态度有或多或少的联系。

　　童年的记忆，无论是快乐的，还是痛苦的；无论是清晰记得的，还是觉得已经忘记的，都会在你的潜意识中影响你的想法。一个从小被父母严格要求的人，必定也会对自己的孩子要求严格；一个从小生活在轻松快乐的家庭氛围中的人，自然会对孩子的要求较少，认为孩子的快乐最重要；而一个从小生活在责骂暴力中的人，自己成为父母之后也难免会对孩子暴力相向。

　　但是，不管出于什么原因，打骂孩子都是不对的，这是对孩子的巨大伤害。要知道，你现在对孩子的伤害，会在他的潜意识里留下永久的烙印，影响他今后对待自己孩子的方式。如果伤害这样一代一代地往下传，那么会有多少孩子会因为你的错误而受到折磨呢？

其实当你的怒气即将爆发的时候，你可以试一下这个方法：平心静气地回想一下自己的童年，童年的你肯定不是每时每刻都生活在这样的伤害里；多想一想父母给你的爱和关怀，想到这些你是不是会觉得十分温暖呢？还可以再回想一下父母当时所处的社会环境和可能有的生活压力，是不是就可以理解他们偶尔的情绪失控了呢？遇到事情多往积极方面想，心中的很多不愉快会慢慢散去。这样，当你调节好自己的情绪，再去教育孩子的时候，就不会把这种莫名其妙的怒气撒在孩子身上了。

◇ 都是为了你好 ◇

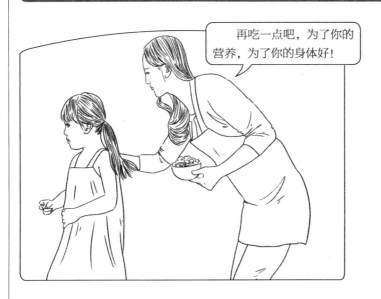

再吃一点吧，为了你的营养，为了你的身体好！

为了你的将来着想，为了你的前途好！

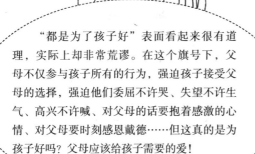

"都是为了孩子好"表面看起来很有道理，实际上却非常荒谬。在这个旗号下，父母不仅参与孩子所有的行为，强迫孩子接受父母的选择，强迫他们委屈不许哭、失望不许生气、高兴不许喊、对父母的话要抱着感激的心情、对父母要时刻感恩戴德……但这真的是为孩子好吗？父母应该给孩子需要的爱！

高情商家教思维

1. 妈妈如何爱才能让孩子感到快乐？

_____

_____

_____

2. 你的爱伤害过孩子吗？

_____

_____

_____

3. 什么样的爱才是孩子需要的爱？

_____

_____

_____

4. 你认为你给的爱都是最好的吗？当孩子不需要时，你是否会暴躁地强加给孩子？具体都有哪些情况呢？

_____

_____

_____

5. 你觉得应该怎样改变一下自己，才能给孩子需要的帮助和需要的爱，给孩子留下一个美好的童年呢？

_____

_____

_____

_____

第六章

培养孩子的社交能力

教会孩子如何正常竞争

达尔文在深入研究后得出了"物竞天择，适者生存"的结论。我们的生活、工作、学习中处处存在竞争，能否有一个良好的身体素质和健康的心理对我们在竞争中能否取胜影响甚大。竞争当然也存在于学校、班级和学生之间。但是，我们不难发现：在很多小学生当中存在不正常竞争。这应该引起足够的重视。

1. 嫉妒型竞争心理

心理专家认为，爱嫉妒的人内心极不安全，总是害怕自己不如别人。比如，有些同学看到别人的成绩超过自己，就在背后说那人的坏话，或不和那人说话等，这些都是因为嫉妒心理在捣乱。

有一次考试，很多成绩很好的学生的随身用品都不知道去了哪里，当然考试时也没有发挥好。然后考完试，这些人的笔又自动地回到了身边。这是为什么呢？班主任也觉得很蹊跷，就展开了一次调查。

开班会的时候，老师看到一个孩子行为举止很诡异，她看起来总是很紧张，而且还不时地偷看老师。老师觉得很奇怪，这是一个不爱学习的孩子，考试时只有她的东西没有丢失。这时，老师意识到，同学们丢东西可能与她有关。为了不让她那么窘迫，老师没有当着同学的面直接质问她，反而跟学生们讲起故事了。老师说到，周瑜因为嫉妒诸葛亮比他聪明，最后自己被气死了，然后又讲了廉颇和蔺相如的故事。

后来，那个女孩主动来办公室找老师，带着哭腔说："老师，我不是故意的，我只是不想被大家遗忘……"原来，老师讲的那些故事让她认识到自己的错误，让她看到了嫉妒的不良后果。老师笑了笑，告诉她说："你已经知错就改了，老师当然不会批评你，还要赞扬你的魄力！如果你能去跟全班同学认错，那就最好了。""我可以的！"后来，女孩再也不做这类事情了。

2. 自卑型竞争心理

谁都希望自己能在同学之中脱颖而出，不过却不是每个人都能做到。时间长了，有的孩子知道自己的不足之处，即便大家都认为他不错，他也觉得自己很差劲。如果孩子心里一直这样压抑，就有可能导致心理扭曲，尤其被父母抱以高期望的孩子更容易出现这种状况。

如果碰到这种情况，我们可以按照下面的方法来处理：

（1）恰当评估，坦然面对失败。自卑，就是对自己没有信心，看轻自己。心里总是充满阴影的孩子，事实上可能并不是他真的有多差，只是他们认为自己的情况不是很好，经常觉得自己没别人好，因此陷入不能自拔的境地。很多小学生因为心理不成熟，不知道怎么在竞争中用积极的心态才能找回自己，因此会因为一时的挫折和失败而一蹶不振。父母和老师一旦发现孩子有这种心理，就要及时进行矫正。要让孩子懂得，虽然他在某一方面没有别人做得好，但并不说明他做什么事都没别人好。父母可以按照孩子的状态先定一个合理的目标，再慢慢一步步超越，这样就能激发他的斗志，使他用饱满的精神面貌去做好自己的事情。

（2）扬其所长，重塑自信心理。一般学生都处在相同的起点，但会因个体智力和自律性等因素而让孩子感觉到差别。所以，当对孩子进行教育时，如果自己的孩子成绩不是很好的话，父母应该给他多一点关怀，多一点帮助，然后采取一些有效行动，帮助他们重建自信心。

每个人都有自己的优点和长处，同时，也有短处和劣势。假如只看到短处，而不会使用长处，哪怕是天才都会不知所措；相反，如果一个人能够好好利用自己的长处，无论遇到什么困难也能有雄心壮志并获得成功。所以，不要让孩子的自卑心理滋长，要善于发现他们的长处和优势，要多给予孩子鼓励与支持，帮助孩子克服自卑心理。在孩子进步的时候，父母要给予肯定，要用一些积极的语言鼓励孩子。这样便可以让孩子重新获得对自己的正面的认识，增长他们的自信心。父母还可以为孩子建立成功档案，让孩子把每次的进步和成功都写下来，然后经常拿出来翻看，时常重温自己成功的心境，这样便会激励他们有自信去做事情（注意不要形成骄傲心态）。

有一位著名的心理学家曾这样说道，要很快地找到一个人的优点，就能让他得到最好的情感体验，即"会让人心中很开心愉悦……还会产生爱世界、爱世人的思想，甚至还会有很强的做事欲望"。对于年纪还小的孩子来说，他们很看重父母和老师的表扬。

3. 攻击型竞争心理

一些孩子性格十分争强好胜，他们不敢承认和面对失败，甚至还有报复心理。在一次赛跑中，两个孩子到最后一圈时，一人故意将另一人撞倒在地，最后撞人的孩子赢了。不过，后来老师判定他犯规，没给他第一名。这件事中的孩子便是有了一种竞争中的"攻击型竞争心理"。一旦发现孩子存在这样的心理，父母要给孩子一个正确的引导。

（1）强调合作，促进良性竞争。现代社会，合作比竞争更重要。父母在教育孩子的过程中，要让孩子理解，竞争与合作是对立统一、相互促进、相互联系的。因为认识不全面，有些父母之前总是给孩子强调竞争的重要性，而忽视了对孩子的合作教育。其实，竞争不仅是头脑、智慧的竞争，同时也是品质、人格的竞争。我们在竞争的时候，一方面要争取处在有利的位置；另一方面还要和别人一起合作，培养合作精神。父母和老师都要通过教育引导让孩子知道，大多时候，竞争是离不开合作的。

（2）创造机会，人人都能成功。当下有些孩子心中忍受不了别人与自己的竞争，因此会产生攻击性。从教育的角度来看，应该认识到每个孩子的优点，学校应设置多方面的多种竞争，让孩子能在自己擅长的领域获得成就感，让每个人都尝到成功的滋味。作为父母，一旦发现孩子有攻击型竞争心理，就应该对孩子进行正向的引导。

　　总之，我们要注意观察孩子的学习生活中的每一个变化，教育引导孩子在竞争中养成健康的心理。要让孩子树立正确的竞争观，以健康的心理去参与竞争。

教孩子正确处理与别人的矛盾

　　小岩刚出去一会儿，就哭着跑回来向爸爸告状说："爸爸，小妮打我了。"爸爸给小岩擦了擦眼泪，问他具体是怎么回事。小岩哭着说："我看见小妮正在玩布娃娃，这个布娃娃好可爱哦！我也想玩，就伸手去拿，小妮就打我。"

　　爸爸听后笑着说："如果你是小妮，有人什么话也不说就来拿你的玩具，你会如何做？"小岩想了一下说："我会生气。""你现在知道应该如何做了吧？"爸爸听了儿子的话后问道。

　　小岩点了点头，他出去走到小妮面前，恳求道："小妮，你的布娃娃我能玩一下吗？"小妮看了小岩一眼，把布娃娃递给了他。

　　孩子与小伙伴一起玩耍时，常会有矛盾出现；上学后，孩子也可能会与同学发生误会与争执；将来孩子长大参加工作，还会面临与同事之间的摩擦；等等。总之，人与人之间有交往，就可能会有矛盾，矛盾可能会伴随着孩子的一生，而且在什么时候都有可能出现，与什么人之间都可能发生。

如果矛盾总是存在，问题一直解决不了，那么孩子就会一直心存烦恼，从而影响孩子的心理健康，使孩子形成一个心理定式，认为自己没有能力独自处理好与别人的冲突。这种状况对孩子的成长非常不利。

　　孩子在外面与伙伴发生了冲突，一般都会找父母告状，此时父母切忌不问青红皂白，对自己孩子一顿批评，这样会使孩子觉得委屈，会更加痛苦；同时也不能盲目相信孩子的言辞，一味站在孩子的立场上指责对方，更不能指使孩子用粗暴的方式去处理问题，否则孩子与别人的矛盾就会更深。

　　在孩子向自己诉说与别人发生的冲突时，父母应该首先对孩子表示充分的理解，在情感上支持孩子；其次要弄明白孩子与别人发生矛盾的经过，与孩子一起分析是什么原因引起的冲突。

　　如果是孩子的错，父母应教导孩子主动改正，并向别人勇敢认错，与别人和好如初；如果是别人的错，父母就应教孩子学会以宽容的态度对待别人，告诉孩子谁都有错误的时候，要懂得宽容和原谅；等等。

　　父母要尽早帮助孩子学会正确、独立地解决矛盾，这样有利于孩子身心健康的成长，进入社会后与别人发生冲突时，孩子才能正确地解决。

1. 父母要认真倾听孩子的倾诉

　　当孩子与别人发生矛盾，找父母倾诉时，父母不管多忙，都要认真听孩子说完，并表示对孩子的理解与同情，以缓解孩子不良的情绪，引导孩子把事情的经过叙述下去。

丹丹放学回家后，情绪很低落，眼中一直含着泪，几次想跟爸爸说，都是欲言又止。爸爸看到后，关切地问丹丹发生了什么事情。丹丹说同桌告诉老师，说她考试抄袭，老师因此批评了她，所以她在学校跟同桌打了一架。

爸爸问丹丹："同桌说的是事实吗？"丹丹点点头，又摇摇头说："我翻书看了，但没有看到。"爸爸听孩子这样说，知道错在孩子，就轻声告诉孩子抄袭是坏毛病，要改掉，并建议她与同桌和好如初。

父母只有认真倾听孩子讲述矛盾的经过，才能从中找到问题所在，才能指导孩子正确独立地解决矛盾。

2. 父母与孩子一起分析矛盾所在

人与人之间发生矛盾、冲突，总是有一定的原因的。父母要在认真听孩子叙述的基础上，发现真伪，以帮助孩子分析冲突发生的真正原因，找到矛盾产生的焦点，才能更好地解决问题。

3. 指导孩子正确处理与别人的矛盾

孩子与别人发生矛盾后，若是孩子的错误，父母应引导孩子主动认错；若是别人的错，就要教会孩子学着宽容谅解。

冉冉与伙伴打架了，哭着跑回了家，说别人欺负他了。爸爸给儿子擦了下眼泪，让他把经过讲一遍。冉冉说自己正在外面玩，邻居家的小龙用弹弓打到了自己。爸爸听后问："小龙是故意打你的吗？"

"不知道，他看打到我了，跟我说了对不起，说他不是故意的。"

冉冉的爸爸引导孩子说："小龙已经说他不是故意的，又给你道歉了，你应该如何做呢？"

冉冉想了一下，清脆地答道："我应该原谅他。"爸爸看着冉冉笑了。

孩子给父母诉说自己的委屈时，父母切忌不问原因，粗暴处理，否则不仅没能帮助解决问题，有可能还会加深孩子与别人的矛盾。

4. 教会孩子减少与人发生冲突的技巧

一些孩子比较任性，不会通过委婉的方式表达自己的意愿、想法，或者行为上霸道等，这样都容易与别人发生冲突。

孙非凡是个以自我为中心的孩子，不管与谁在一起玩，只要自己想要什么，也不征求别人的同意，从别人手中夺下来就玩。因此很多小伙伴都不喜欢他，尽量躲避他，孙非凡感到很孤独。妈妈就教孙非凡学会委婉地表达自己的意愿，喜欢别人的东西时要用恳求的语气与别人商量。孙非凡这样做之后，伙伴们又同他一起玩了。

父母教会孩子一些减少与人冲突的技巧，就可以避免不必要的矛盾发生。

教孩子学会与父母沟通

李伟的父母都是高级知识分子，爱子心切，花了数万元把李伟从一所普通中学转到了市重点中学。在他的父母为他选定的重点中学中，因为跟不上学习进度，李伟的成绩一直处于及格边缘，他也因此变得情绪低落，每天过着无精打采的日子。有一天，刚回到家中，李伟的父亲就把他大骂了一顿，因为老师刚刚打电话来说李伟的物理考试不及格，通知家长去学校商量一下提高的办法。面对父亲的责骂，李伟委屈极了！李伟扔下书包，就跑下楼去，在街心公园痛哭起来。从这以后，李伟更沉默了，什么话也不和父母说。李伟的父母开始着急起来，甚至给李伟找了一个心理医生，但收效甚微。

李伟的情况在现实生活当中并不特殊，之所以有这样的结果，很大一部分原因是孩子与父母缺乏良好的沟通。

天津市杨村一中的心理辅导教师周余波曾对本市初高中阶段的528名在校生进行的一次问卷调查显示，只有9.85%的学生选择了"当你有烦恼时，找父母谈心"这一栏，而且大部分是女生。这就说明了中学生在心理上对父母产生了距离和不信任感。"知子莫如父"这一传统观念正在受到挑战。

那么，孩子为什么有话不愿同父母讲，为什么不愿向父母敞开心扉呢？孩子的心里话对谁说呢？

林静在电台工作。近段时间，她以知心姐姐的身份主持了"中学生热线电话"节目。每逢周六热线通话时间，桌上的电话铃声不断，"耳"不暇接。来电话的中学生朋友所谈的话题牵涉到许多方面，从作业负担到早恋苦恼，从升学困惑到人生思考。耐人寻味的是，这些中学生在一吐心曲之余，往往要拖一个尾巴："我这些心里话，只想让你知道，对父母和老师都是不说的。"

电台专辟"热线电话"节目为中学生释疑解惑，无疑是一件好事。不过，再仔细想想，来电话的中学生的心底秘密，在父母和教师这些尊者面前"讳莫如深"，对从未谋面的电台人员，却肯"和盘托出"，这是为什么？"热线电话"能获得中学生信任的秘诀之一，便是他们与中学生通话时，并不是简单地提供"标准答案"，而是更注重于和学生做思想上的交流、探讨与沟通。

当代心理学的一个重要分支——行为心理学的研究表明，正处于趋向成熟期的青少年，由于逐渐形成强烈独立意识，因此往往不愿他人给以现成的生活指南，同时他们的内心又对各种事物有诸多"不确定感"，因此迫切需要从别人那里获得认同和了解。而在日常生活中，我们有些父母和教师恰恰无视这两个心理特征。当他们偶尔知道孩子心里有什么隐衷时，常常以"一本正经"的面孔，给孩子"应该怎样做，不应该怎样做"的训词。这种居高临下的架势，又怎能谈得上与孩子相互沟通感情呢？久而久之，孩子感到，你这位尊者可敬而不可亲，也就不肯对你说"悄悄话"了。

处于青春期的中学生，总有需要宣泄的感情，总有需要表露的心里话。要是父母、师长不去关怀他们的这种心迹，一味放任自流，固然"热线电话"等社会咨询机构能分担一部分工作，但有些孩子也可能去找社会上的一些"哥儿们"倾诉心里话。如果由此让一些"歪门邪道"拐骗了孩子，岂不误了大事么？

带锁的日记本在商店的文具柜台上随处可见，它们装帧精美，只不过，和其他的日记本不同的是，一把小锁可以把本子锁起来。售货员说："这是热门货，孩子们来买的很多。"日记本要锁起来，很有意思。这使我想到一些中学生前来心理咨询时的谈话："爸妈有时偷看我的日记，我放在一个小箱子里，也给翻出来，还随便拆看同学的来信，真气人。你说怎么办？"

这使我又想到天津杨村一中的调查问卷：你有了愉快或不愉快的事喜欢跟谁诉说？可供选择的诉说对象为父亲、母亲、老师、同学。结果是，选择诉说对象最多的是同学。孩子们之所以喜欢带锁的日记本，原来是用来对付大人的，是为了向大人们封锁自己的心。父母应该知道，孩子由幼稚走向成熟，由依赖走向独立，心中会逐渐有一些秘密，会有些不再愿意告诉大人的东西，这是他们长大的标志。由于时代的发展，今天的孩子独立意识更为强烈。然而，我们不少父母总是不那么乐意接受孩子的独立意识，总是想把孩子庇护在自己的羽翼下，于是，就不讲方式地总想去"刺探"孩子心中的秘密。如此招来的只能是孩子的反感，孩子们就更加小心地守护着自己的秘密。于是，带锁的日记本便成了最佳选择。

看来，造成孩子和家长之间的距离感和不信任的原因是多方面的，除了中学生强烈的"心理断乳"外，缺少科学的家庭教育观念和传统的家长专制作风也是重要原因。

通过调查分析，在能主动和父母沟通交流的学生中，大部分学生成绩优良，心理发育健康。孩子上小学时，有些家长还不屑于和孩子沟通交流，而到了中学阶段，他们却一下子感觉到自己和子女之间的距离不断拉大，有的家长甚至一点点地退缩到只能管理孩子的生活起居的狭隘空间里。

还有相当一部分家长属于传统压制型和现代溺爱型的混合体，他们很难与子女建立对等的、朋友式的关系，这样的家长对孩子的教育十有八九是失败的。

青少年时期是人生中的"暴风骤雨"时期，在对待孩子的教育问题上，只有了解孩子的内心世界，家长才能有的放矢，对症下药。

那么，我们家长该怎么办呢？

一是理解。对孩子由独立意识而导致的闭锁心理，首先得有个科学的态度。我们不妨来个心理换位，回想一下自己孩子时代的生活，并以此来体察孩子的心。如此，你对上面的"为什么"就会有更切身的理解。有了对孩子的理解，"头痛"就消除了一半。

二是沟通。我们不要以为孩子是自己的附属品，可以自由打骂，可以居高临下地命令孩子，仿佛真理总在自己手中。对孩子要多点民主和平等，努力成为孩子的知心朋友。有关专家指出，民主型的家庭氛围、朋友式的合作关系是消除"代沟"、实现两代人交流的前提。只有这样，你才可以跟孩子有较多的沟通，才会促使孩子对大人敞开心扉。

三是尊重。尽管我们做了最大的努力，也不该奢望孩子什么都跟我们讲。孩子作为人格独立的人，他们心中应该有一块大人不必涉足的天地，应该有一些属于自己的秘密。对此，我们只有尊重，做孩子的指导者、协商者，而不是命令者。

培养孩子与同学沟通的能力

程东林从小有个志愿：做一个演说家。在他的心目中，会演讲的人都是他的偶像。奥巴马竞选时，每一场演讲他都会第一时间找来听，有些经典片段，他都能背诵了。程东林还收集了一些光碟，都是成功激励大师的演讲。

在他看来，这些人，能够成功鼓动人、说服人，是因为掌握了一定的技巧。

妈妈知道他的爱好后，也非常支持他。母子俩常去书店，看到好的书，无论是理论的，还是实战的，都买回来。程东林不仅看，还积极去实践，也是个小演说家了。班上竞选班委，他一上台，总能博得喝彩。大家都喜欢听他演讲，觉得很有感召力。

常有人向他请教演讲技巧，程东林把自己总结的经验都无私传授给了别人。妈妈常鼓励他，也帮他总结经验，使程东林越来越有信心了。

程东林不仅演讲能力非常棒，而且还非常善于与人沟通，总能将话讲到对方的心里去，让人听了很舒服。他的沟通能力对他处理好人际关系有非常大的帮助，这使得他有很好的人缘。

在孩子的成长过程中，善于沟通这项技能让其受益最多。孩子要想办成一件事，就不得不去沟通。如何高效简洁地传递信息，如何迅速感染、说服他人，需要各种交际技巧。

如今的社会，是一个信息量多并能快速传播的社会。一个人不善于交际，不能迅速、清楚地传达个人的意愿，就很容易被淹没。一个成功的人，必是一个善于传播信息的人，也就是具备一定交际技能的人。

孩子要想立足于社会，就得培养其交际技能，才能充分展示个人价值。再好的金子，不能展示自己，也终将被埋没。

任何一种技能，都是在理念指导下不断实践获取的，交际技能同样如此。理论和实践二者缺一不可。父母要认识到这一点，给孩子最好的指引。

1. 支持孩子吸取理论知识

人际交往是一门学问，有大量的理论和实践书籍报刊等，孩子要提升人际交往技能，可以向书籍请教。父母可以给孩子列一个书目，让孩子先补足理论课。

要让孩子学习交际理论知识，就要多读演讲大师的书籍，看大师们的演讲光碟。把人际交往当成一门学问来学，孩子才能成就显著。

2. 鼓励孩子参与社会交际活动

有了理论做基础，还要让孩子增加实战经验。学校里、社会上，常常会有这种实战机会，如班委选举、学生会选举、义务活动的宣传等。这些活动都是磨炼交际技能的战场。

学校要组织一次"环保一日行"的活动，赵军回家跟妈妈说他想参加，妈妈马上大力支持。妈妈说："需要什么支持，你尽管说。"赵军说除了生活费，还需要妈妈帮忙借自行车。赵军想组织一个小团队，骑自行车，挂旗帜进行跨城宣传。

第二天赵军就忙开了。赵军经常组织各种活动，被推选为此次活动的队长。义务报名的同学，被编成了两个分队，赵军组织大家一起商讨路线，女生负责制作旗帜、写标语等。赵军热衷于这类有意义的社会活动，由于在活动中会有许多与人交流的机会，所以也使他轻松掌握了人际沟通的技巧。

孩子的交际技能，需要在大量交际活动中历练。学校里、社会上，只要有这种活动，父母都要鼓励孩子积极参与。在这些活动中，如何协调人员，如何组织分配，每一个环节都离不开交际。孩子多历练，这种技巧才会越来越熟练。

3. 给孩子制造演示舞台

学校或社会的活动机会，也是有限的。孩子的交际技能，需要大量的活动来磨炼。对此，父母也可创设场景，给孩子制造锻炼机会。例如，常举办家庭联谊会，让孩子来安排；家里常请客人来玩，请孩子来接待；常请小朋友来玩，让孩子合作；常组织社区游戏，让孩子参与等。

程小莱有些胆小，遇人不爱说话。妈妈知道，是孩子的生活环境太封闭了，与人交流的机会太少。妈妈开始留心，小区有哪些孩子和他同龄，有机会妈妈就主动和他们联系，帮小莱结交朋友。一段时间以后，小莱家里常有小朋友来拜访。

周末到了，妈妈约上几家人，一起带孩子去广场做游戏。无论是玩球，还是玩车，小孩子在一起，总是特别高兴。有了同龄人的陪伴，小莱也变得活跃多了。走在路上，见到熟人了，小莱还会高兴地和大家打招呼。

有些孩子不善于交流，不喜欢交流，这种现象，与孩子的居住环境有关系，与父母太忙也有关系。父母要锻炼孩子的交际能力，就得让他多与同龄人交往。方法总是有的，只要父母多费点心，就能创设出许多场景，让孩子得到锻炼。

4. 鼓励孩子向高手请教

年龄较大的孩子，要想提高自己的交际技巧，不妨向高手请教。孩子的朋友、同学中，有谁人缘好，有谁会演讲，都可以去请教。孩子自己也能观察、总结，他人的经验是什么。

生活中，如果孩子对这类高手流露出羡慕之情，父母可及时鼓励他，让孩子大胆去向高手请教。孩子要提高自己的水平，一定不要忽略这一学习途径，多观察揣摩，就能学到不少技巧。

既简单又复杂的莫过于人我关系。"己所不欲，勿施于人""己欲立而立人，己欲达而达人"是孔子的至理名言。在现代社会中，在我们追求"利益""成功"的过程中，在社会这个共同体中，我们一定要坚持自己的原则，一定要坚持正确的取舍之道，学会与人建立正常的人际交往关系。

◇ 培养社交能力 ◇

我看见小妮正在玩布娃娃，这个布娃娃好可爱哦！我也想玩，就伸手去拿，小妮就打我。

如果你是小妮，有人什么话也不说就来拿你的玩具，你会如何做？

我会生气。

你现在知道应该如何做了吧？

小妮，你的布娃娃我能玩一下吗？

在孩子诉说与别人发生的冲突时，父母应该首先对孩子表示充分的理解，在情感上支持孩子；其次要弄明白孩子与别人发生矛盾的经过，与孩子一起分析是什么原因引起的冲突，帮助孩子尽快学会正确、独立地解决矛盾。

 高情商家教思维

1. 你认为社交是孩子必须的需求吗?

_____

_____

_____

_____

2. 如何帮助孩子正确、独立地解决与他人的矛盾?

_____

_____

_____

_____

3. 孩子在社交中应该怎样学会尊重别人?

_____

_____

_____

4. 如何让孩子理解人和人之间相互帮助的道理以及应该如何去做?

_____

_____

_____

5. 如何培养孩子与父母、同学之间的沟通能力?

_____

_____

_____

_____

第七章

知识中藏有孩子的未来

只具有智慧是不够的，还需要自律

人们对一些尽管其能力足以完成学业，但在学校却不是优等生的学生存在着明显的困惑和不解。与这样的事实有关，即一个孩子要取得优秀的学业成绩必须具有智慧、能力，但我们要明白，只具有智慧是不够的，还需要有自律这项素质。一个有能力的孩子也许不够自律，而自律对于日复一日地克服某些他认为痛苦和困难的事情，是必不可少的。

智力和自律并不是经常地联系在一起。一个孩子常常是具备其中一个方面，而缺乏另一个方面，偶尔会有一个并不聪慧的孩子通过努力奋斗而取得高于预期的成绩，这就是自律的作用。与此相反的情况要普遍得多，即一个孩子有很大的智能潜力，但他却常常将它浪费掉。

我们常常忽略了学习需要艰苦的努力。让我们来了解一下一个中学生每天的家庭作业都有什么要求：孩子在学校完成一天的学业回家后还必须明白老师的要求是什么，包括作业的页码及其他细节，由于书本太多书包可能装不下，所以孩子还必须记得把该带的书本带回家；他必须在晚上关掉电视机，不理会电话，如果家长有打麻将的恶习，他还必须得忍受麻将或居室附近其他的噪音，必须在足够长的时间内集中精力以便正确地完成作业，还要记得将做好的作业带回学校交给老师；他必须记住所学的东西，直到下次考试乃至升学考试结束，而且必须坚持经常不停歇地一次又一次地练习。达到这些要求需要的不仅仅是能力，还意味着他要日复一日、周复一周、年复一年地发奋学习。有些孩子在小学的各个学年成绩都很好，但后来便难以应付中学的学业了。据研究，75%的学生在升至初中或高中的某个时段都经历过学业滑坡。

父母普遍对他们未尽力发挥的孩子以下列3种方式做出反应：一是将问题当作是由孩子的冥顽不化来处理。父母可能会恼羞成怒肆意贬损孩子的人格或对孩子做出某种惩罚。这种反应往往难以促使孩子努力读书。第二种可能是父母会给孩子许诺远期"贿赂"，这种远期"贿赂"也照样不会有用。因为推迟强化等于没有强化。第三种反应是父母会认为孩子成绩不好："他必须学会自己承担责任！我总不能老在那里帮他，所以，这是他自己的问题。"

孩子大都像所有同年龄阶段的人一样，都希望能成为一个负责任的人。他们希望感受到做对事情所带来的成就感和尊严。在学校中常常失败的人，他们往往无法用自律来克服自身的惰性。

对犯有惰性的孩子有两种矫治方法。一是父母要教育引导孩子投入到学校功课中去，使他在完成功课中获得成就感。学校还要经常与父母交流孩子完成作业的情况。

此外，在百分之百需要自律的领域，父母应该提供支持。晚上学习时间应该具有高度统筹性，例行学习时间不被干扰或尽可能少的干扰。父母必须知道给孩子布置了什么作业以及怎样检查已完成的作业。美国斯坦福大学"家庭·儿童·青年研究中心"的研究发现，能帮助未尽力发挥者提高成绩的一项方法就是父母参与进去，有规律地鼓励孩子，表扬做得好的事情，及时给予有意义的帮助，孩子学习成绩往往会上升。

做到这点并非易事，父母的热情参与往往难以坚持两周以上，因为很多父母本身就缺乏自律。

未尽力发挥者常常会在一种即时强化机制下取得成功，如果孩子对学校的奖赏与激励无动于衷，那么他还需要增加一些激励。哪怕是非常小的进步，也应该给予鼓励。不要等到孩子期末考试得了 A 才给他奖励。

小君是一个典型的未尽力发挥者，正在留级读四年级，他的动力早已被失败扼杀，他现在什么也不想干。他的妹妹在小君留级的同年升入了四年级，而且，她还是一个学习尖子。而与此同时，小君却深深地陷入了学业绝望的泥淖之中。

专家在与小君的母亲商议后，就一套在家里实施的激励方法达成了共识。在共同商讨的基础上，小君的母亲很快制作了一个图表。

小君每随爸爸或妈妈花 5 分钟时间做当周的词汇拼写作业，他就可以在图中用彩笔涂掉一个空格。当所有空格都涂满时，他

就可以得到一个新自行车座。同样，他每做 10 分钟的算术题也可以涂掉一个空格，50 个空格涂满后就能得到机会跟爸爸一块去玩一次保龄球。

小君的妈妈认为阅读是他最大的障碍，应该给予最大的奖励，于是确定阅读课的奖励是上游乐园玩一天，但这一奖赏的获得需要付出更大的努力才能得到（涂一个空格需要完成 15 分钟的阅读）。

由于每一个小的奖励都很明确具体，可能很快获得一个又一个愉快的奖励，而且学完还有一项大奖在等着，小君很快领会到了这一游戏的激动人心。他放学后急着赶回家，跟妈妈一起做作业。以前妈妈没有办法让他打开书本，但他现在每天都非常积极地打开书本。小君的妈妈第一个星期就打电话给专家，抱怨只要小君在家里，她就无法完成自己的工作！

不久之后，奇迹出现了。小君开始学习，尽管学习并不是他的真正用意。他第一次在周试中正确地拼写出了全部单词，享受到了由此带来的成功喜悦。当班上讨论他知道答案的算术题时，他会拼命地举手要求得到证明自己的机会。他的阅读进步显著，老师把他从阅读慢组中调了出来。尽管小君没有刻意追求，但他还是发现了学习的乐趣，失败的恶性循环被打破了。

怎样消除孩子的厌烦感

在使孩子产生厌烦感的各种原因中，以"单调"为首要因素。连续做相同性质或简单的工作，最容易引起孩子的厌烦感。

此外，孩子不知道作业的意义、不能做自己想做的事时，也很容易产生厌烦感。

不单调、做起来也有很多兴趣的事，做的时间太长也会使孩子感到厌烦。

以上诸项造成厌烦的原因，如果父母能在事前便预防消除掉的话，孩子便不会对自己课业或学习的事物感到厌烦，而会长期地持续下去。

"单调感"和"做的时间太长"有出乎意料的缘故。不论是多么富于变化性的作业，只要做的时间太长，便容易陷于单调。它带来的精神上的疲劳，远较肉体上的来得大。

当一个人对某件事产生厌烦感后，可让他改做另一件性质完全不同的工作，以让他内心饱和状态消失，而产生另一种新的"空腹状态"。

如果孩子能巧妙地排除"厌烦感"，则孩子"废寝忘食"地努力读书，并不是不可能的事。

制定具体阶段性的目标，让孩子认真读书。从前，一家美国的工厂曾做过这样的实验——将从业人员分成两组，一组指定他们在一个月内，制造某一数量的产品，而另一组在告诉他们最后的目标时，也告诉他们每周必须达到什么目标。这项实验的目的，是为了调查给予目标方式不同，在工作效率上是否会有差异。结果前一组只达到预定目标的八成。而后一组却超出了预定目标。

当我们在心理上觉得与目标的距离愈短，就愈有持续紧张感和动力。如在登山时与其鼓励孩子"加油"，倒不如告诉他马上就爬了一半了，这种"下限目标"会使他产生继续坚持的动力。

对一个已经对一件事感到厌烦的孩子，给予他下限目标要比鼓励他更有效。若是想让孩子读一个小时的书，可以告诉他："试着读30分钟看看！"孩子会觉得这样的小目标应该不难达成，于是便较能接受。只要他持续地读30分钟的话，再继续读个30分钟则并非难事。

巧妙地转变孩子的情绪，也是一种防止孩子产生厌烦感的有效方法。在孩子读书的休息时间，孩子大多会坐在书桌前发呆，这样的话，刚才用功时的紧张感便会一直持续下去，休息等于毫无意义。

不妨让孩子做剪指甲、买笔记本、擦洗脚踏车等杂事。与其让孩子坐在书桌前发呆，倒不如做些与书本无关的事，以此来转变孩子的情绪，而产生新的干劲。

让孩子吃些糕点后读书也会使孩子再次振作起来。让孩子吃糕点为的是慰劳孩子念书的辛苦，同时还有提高念书持续力的效果。孩子知道再过 20 分钟便有糕点可吃，原本松懈的心理，就会再次振作起来，于是糕点便成为厌烦感的抑制剂。

有一点必须注意的是，吃糕点的时间要尽量缩短，以免成为连续读书的障碍。此外，确定让孩子吃糕点的时间，也要精心安排。

学会运用"中断效果"。电视连续剧在某集总是结束在某个情节上的高潮，这样观众便会产生欲知下文的期待感。这种技巧也可应用在防止孩子产生厌烦感上。

比如说，当孩子陶醉于书本或玩乐时，父母可以故意说："好了！今天到此为止吧！"也许有人会觉得，孩子正在兴头上，为什么要去阻止呢？其实孩子对某件事感兴趣的时间，往往不如大人想象中的长。很多时候他们表面上看起来很认真，实际上那只是一种习惯性的状态，所花的时间和读书或游戏的效果并不成正比。

著名心理学家西格尼曾经进行实验，结果发现被中断的读书或工作内容，特别容易被记住，而且被想起的概率也较高。原因就在于进行中的工作被中断，使得工作的紧张感持续。善加利用这种"中断效果"的话，不仅可防止孩子的厌烦感，还可以在短时间里产生较好的成果。

一位小儿科医师曾肯定地说："小孩'疾病'大半是由妈妈造成的。"比如，孩子跌了一跤，膝盖轻微擦伤，妈妈便会心疼地说："好痛吧！"然后赶忙把孩子送到医院去。孩子一早起床无精打采，妈妈又会关心地问："是不是发烧了？头痛吗？我看今天请假好了！"妈妈不知不觉中造成了孩子的"疾病"。

如果孩子受了点小伤，妈妈说："不痛吧！"让孩子觉得那只不过是轻伤而已！孩子如果有一点发烧，便对他说："没什么大碍吧！"然后充满信心地将孩子送去上学。因为询问方式不同，会使孩子产生病了或精力充沛这两种截然不同的反应。当孩子厌烦读书，抱怨读书辛苦时，妈妈是否表现出赞同孩子的反应，将会产生两种不同的结果：一种是孩子愈来愈觉得读书痛苦，一种是觉得读书并不算什么辛苦的事。

心理学家有一个实验，即拿一幅人的性别不详的画给受测者看，然后问他画中的是男是女，结果答案是男女各半。但是若以相同的画给另一批受测者看，然后问："像不像男人？"结果大多数的答案会偏向"是男人"。这就是诱导询问法。因此，当孩子产生厌烦感时，绝对不可以赞同他，而应该告诉他："读书并不苦。"

危机意识会使孩子的学习效率提升。孩子读书或写功课的效率低下，陷入懒散状态时，除用情绪转换法使孩子重新进入读书状态以外，还可以用危机意识来提升孩子的学习效率。

成人往往也逃不过危机意识的刺激，比如他们会在"现在不要明天就没有了""今天不去看医生明天就来不及了"等危机言辞的诱导下，不自觉地采取行动。许多人在看了百货公司海报写着"请把握折扣的最后机会"后，便进行大采购，也是这种因素的表现。

因此，当孩子懒散时，父母可以对孩子说："你现在不做，以后就会很麻烦的！"当孩子产生危机意识后，孩子便会自觉抵制住厌烦感，自然地使效率提升。

　　一件已了若指掌、一成不变的工作，产生厌烦感是很自然的事情。相反的，一件工作若是常能激起人的求知欲、又具有挑战性的话，便不会那么容易地使人失去兴趣。

　　孩子的读书也是一样，无论是原来多喜欢的科目，也难免会感受到厌烦。因此，即使是完全相同的学习内容，也不妨大胆地提升难度看看，这样便会使孩子产生"也许会失败"的危机感。比如，拿几道孩子还没有学过的问题考考孩子，孩子的厌烦感便会被因失败刺激的危机感所替代，他们可能会多下一些功夫以避免失败。这样的话，即使是原本不感兴趣的科目，因为新做法、失败的危机感等因素，也会使孩子坚持去学习，而不会感到厌烦。

　　当孩子失败时，你可以告诉他"失败也是一种经验，不妨换个方法试试看"，积极鼓励和引导孩子，让孩子觉得"失败"只不过是一种"新体验"和"新挑战"，这样他自然不会产生厌烦之心。

　　不断更换学习科目避免产生厌烦。

　　日本有一所幼稚园，以"教学方法"著名。他们的教学方法是，老师准备了许多不同的教学题，然后依学童的反应，以极快的步调，让孩子做各式各样不同种类的学习。比如说，先是大声地朗读诗词，然后又教数字，接着又背九九乘法，之后紧接着再介绍各国的国名、国旗、首都等。

　　使用这种方法，可以让孩子直到中午都能集中精神，完全没有厌烦或疲累的感觉。这样长时间下来，孩子等于在一年内学到了很多东西。

这种不断更换学习科目以避免孩子产生厌烦的方法，是很值得我们参考的。用不同的场所和时间读书可以转变孩子的厌烦情绪。在孩子读书厌烦时，用"场所"或"时间"来区隔脑中思想，可以防止孩子对读书产生厌烦。

曾经有一个同学就是这样，在夏天很热的日子，他会视时间而更换读书的场所，一天之中他总是换好几个地方来念书。有时在树下，有时在屋后的背阴处放一圆桌，有时在室内的桌案旁，有时在林阴路上。每换一个地方，都会使他有一种新的感受，能使他始终保持一份好的读书心情。后来，他以优异的成绩考上了一所名牌大学。

不管是多么舒适的房间，如果孩子读书时就一定得关在里面的话，孩子想要不产生厌烦感也难。所以，与其将孩子束缚在一个地方，倒不如劝孩子随心坐在一个让他感觉到舒适的地方看书，这会是一种防止孩子产生厌烦感的好方法。

怎样让孩子学会自觉地学习

"我的孩子凡事都提不起劲。""都要考高中了，孩子还不懂得自动自觉地读书。""孩子的成绩不好，我为此请了家庭教师，可是他自己却不用功，补习费等于白花了。"这是大多父母经常面临的烦恼。在这些问题中，也不乏杞人忧天的父母，比如说，父母担心孩子要考高中却还不用功，事实上，他们的孩子现在还不过只是初中一年级而已！

孩子没有干劲，主要是由以下几方面因素造成的：

父母常常强求孩子干劲十足地去面对所有功课的挑战，这常使孩子没有干劲。所以，要让孩子产生目的意识，认为这件事努力去做很有必要。这才是支持孩子干劲存在的主要原因。

当孩子看不到做一件事的目的和意义时，他也会提不起干劲。当孩子产生这件事自己办不到，或是这件事太困难等先入为主的想法时，也会失去干劲。不管任何事，只要孩子能产生自己去做便能完成的想法，孩子就能干劲十足地去做这件事。

一件事并不困难，完成之后也可得到报酬，可是有些孩子因为对此不感兴趣，所以不愿去做。而一件工作完成之后没有报酬，还有一点难度，但若是孩子对它感兴趣的话，他仍然会干劲十足。

当孩子认为自己已没有再将这件事做下去的必要，或者是太容易的功课，又或是要求的水平太低，都会使孩子无法产生干劲。

那么，怎样使孩子增添干劲呢？

如果你仔细观察用餐时的状况，便会发现大多孩子往往由自己喜欢吃的菜开始吃，不喜欢的菜则不吃。孩子的学习也存在这种心理，对自己喜欢的科目，上课时总是精神百倍，而遇到自己不喜欢的科目时，便会在课堂上打瞌睡，所以总是挨老师的训斥。孩子做功课也总是先做自己喜欢的科目，而留下不喜欢的科目。遇到这种情况，不妨让孩子先做完自己不喜欢的科目，再做自己喜欢的科目。因为孩子若不先把不喜欢的科目做完，便不能做自己喜欢的科目，于是只有硬着头皮向讨厌的科目挑战。一般来说，孩子从自己讨厌的科目做起，做完之后再做喜欢的科目，这样更能提高孩子的学习欲望。

有时，父母可以利用"同步心理"让孩子去做他原本不想做的事。举例来说，当迷你裙流行时，许多女性不管自己的腿部曲线是否修长，都纷纷一窝蜂赶时髦。这种和其他同伴一样心态的想法就是一种"同步心理"。人都有"同步心理"，喜欢和他人有相同之处，以免受到朋友的排斥。

在孩子的生活领域中，"同步心理"所占的比例更大。对孩子来说，没有一件事会比离群的感觉更可怕。例如，孩子央求父母买某种东西，而父母不答应时，他便会理直气壮地问道："人家隔壁的小明都有，为什么我没有！"这是孩子最常使用的"理论"。做父母的不妨用这种孩子唯恐离群的不安心理来激励孩子用功，可以说是"以子之矛，攻子之盾"。此外，这种方法也可以用在其他方面。比如，孩子不愿帮忙做家事时，可以对他说："隔壁的小明都会帮忙做家事呢！"相信大部分的孩子在听了这句话后，都会很乐意协助父母的。但也应注意不要因为这样说而让孩子觉得你是在将他们作对比等负面作用。

不要为孩子安排过于舒适的环境。

有位小学四年级的小男生，他是家中的独生子，生性活泼。经过智力测验发现，他的智力比同年龄的孩子高出甚多，他的父母和祖父母都以他为傲，决定要给他一个最好的读书环境。这个男孩非常幸运地出生在一个经济环境很好的家庭中，与学习有关的条件一样不差。但是他读书总是少了那么一点干劲，没有向功课挑战的心，成绩也并不十分优秀。后来专家分析他的这种现象主要是由于物质环境太好的缘故。如果对一切都很满足，就不会产生打破现状、努力突破的前进欲望。

一般来说，欲成就大事业，便需要有"吃苦精神"。孩子自然也不例外。而能克服障碍或逆境的精神动力，往往会在过于舒适的生活中，受到侵蚀而不自知。

要经常鼓励孩子的自信心。孩子考试成绩不太好，心里已经很难过，再加上怕父母训斥，心里更是忐忑不安。这时，如果父母不管不顾地训斥孩子一顿，只会使孩子心中抑郁，使孩子丧失自信心。作为父母可以轻描淡写地说："宝贝，没关系！我相信以你的实力，应该可以得到更好的成绩，这次考试大概没有发挥好吧！我们下次再加油就行了。"这样孩子不但不会丧失自信心，而且还会干劲十足，从而发奋图强。

为人父母者，若能经常发掘出孩子的潜在能力，孩子的成长有时会出乎父母的意料之外。对于看轻自己的孩子，这种鼓励方式，无疑是最有效的。

父母要慎说"反正"或"还是"。当孩子递给你一张低分的成绩单时，相信有不少的父母为了安慰沮丧的孩子，会下意识地说"没关系，反正这个科目你不行"，或"还是跟上次一样的低分数"。父母也许只是为了安慰孩子，但这样的言辞，不但不会给孩子带来安慰或鼓励，反而会使孩子灰心丧气。

"反正"或"还是"，无疑表示要孩子放弃努力。若父母经常把这句话挂在嘴边，当孩子想要做某件事时，心里就会升起"我反正做不成"或"大概还是做不到"的想法。这种消极的自

我暗示，是不可能会产生学习的干劲的。抱着这种心态的人，面对任何工作，都会以马马虎虎的态度应付了事。

长期被这种心态限制的孩子，是难以对一件事充满干劲的。比如，某次考试得了高分，他也会在心中认为"这次算我走运"，纵使老师或父母夸奖他，他也不会从心底感到高兴，更不会将此种夸奖，化为下次努力的能量。父母对孩子说："反正……""还是"这样的话，即等于是向他宣布，父母对他根本没有期望。一个相信自己没指望的孩子，是不可能产生干劲的。

要让孩子养成善于提问题的习惯

　　新学期开始，王老师决定在班级里进行开放式的实验，让同学们都参与到课堂中来。因此，王老师的课常常是让同学们自己提问，然后再找出解决问题的方法。王老师的这种教学方法受到了大多数同学的欢迎，他们上课提问都非常积极。可王老师发现，从第一节课起，小丽就没有提过一个问题。原来小丽的成绩可以呀，难道她现在对学习不感兴趣了吗？如果上课不积极参与，照这样下去，她会跟不上同学们的。

　　也许，大多数家长认为只要孩子学习好就行了，会不会提问没有什么关系。其实，这种观点是错误的。"学问"，要学也要问。很多东西要经过认真思考才能明白其中的道理，有的问题自己苦思冥想不得其解，可有时经别人轻轻地一点拨往往就豁然开朗了。因此，要培养孩子善于提问的好习惯。

　　那么，为什么有的孩子不善于提问呢？

　　学校传统的教学方法是老师讲，学生听、记，课堂上对孩子们主动参与教学的要求不高。实际上，这种教学方法对孩子们的发展是不利的，因为孩子们养成了不爱动脑筋的习惯，只会死记硬背，往往缺乏解决实际问题和独立思考的能力。目前，我们正在进行教育改革，王老师的实验就是很好的尝试。孩子们从提出问题到解决问题的过程，充分调动了他们的积极性，能使其更好地掌握知识，开动脑筋。有的孩子不善于提问是因为他们的知识不具有系统性，没有打好基础，跟不上班级教学的进度；他们可能什么都不太懂，不知从何问起，理不出头绪，想提问，又不知道问什么；他们也可能是不爱动脑筋，心想这些问题反正别的同学都会问到，只要注意听就行了，懒得提问；他们可能因为胆小，不敢在同学们面前表达自己的想法，生怕自己提出的问题被老师和同学们笑话，怕别人都懂就自己不明白，让别人觉得自己很笨；当然还有极少部分是因为他们讨厌学习，热情不高，干劲不足，上课如坐针毡，巴不得早点下课，根本没有考虑老师所提的问题。

作为父母，首先要做的是帮助孩子认识到自己不爱提问的原

因，有的放矢，对症下药。对不敢问、懒得问的孩子，父母应给他们讲清楚善于提问对学习的好处，可以给孩子买一些名人传记，让孩子从这些书中领悟：大凡学术上有所成就的人都是在"问"上做出文章来的，如居里夫人、华罗庚、达尔文等。父母要让孩子从思想上真正认识到只有敢问、善问，才能搞好学习，才能做成学问的道理。对于那些因为没打好基础，不会提问的孩子，家长可以帮助和鼓励他们从补习功课开始，学好基础知识，跟上班级教学的进度，鼓励孩子像班上善于提问的同学学习，解除思想顾虑，克服虚荣心。父母要耐心地告诉孩子不用害怕问错了，每个人提问都是因为自己不懂才问，学习本身是一个人不懂到懂的过程，不懂就问是好学的表现，只有把自己不懂的问题提出来后，才能得到老师的帮助，从而真正掌握知识。

对那些想问但又不知怎么问的孩子，父母应提醒他们注意掌握学习方法，善于去发现问题。如上课前做好预习工作，在不懂的地方做上记号，或者事先把不懂的问题写在纸上，在老师讲解的时候学会做笔记，勤动脑筋，学会问"为什么"。经过思考和查找资料都不能解决的问题，自以为找到了答案但把握不大的问题，以及那些对得出结果的过程不太明白的问题，都可以在课堂上向老师提出来。

对不爱学习，根本就没有考虑过怎么提问的孩子，父母不要过分责怪他，而应帮助孩子从培养学习兴趣开始，首先让孩子喜欢学习，树立起自己能够学好的自信心。

◇ 让孩子爱上学习 ◇

我的孩子对任何事都提不起劲。

孩子不想用功做事，不想用功读书，不想帮父母做家务，这是父母经常面临的烦恼。

孩子的成绩不好，我为此请了家庭教师，可是他自己却不用功，补习费等于白花了。

都要考高中了，孩子还不懂得自动自觉地读书。

隔壁的小明都会帮忙做家事呢！

做父母的不妨用孩子唯恐离群的不安心理，激励孩子用功，这可以说是"以子之矛，攻子之盾"，这样能迅速击中孩子的心理，使其主动学习上进。

人家隔壁的小明都有电脑，为什么我没有！

知识中藏有你的未来，你现在的努力决定你未来的成就！

父母要关心孩子，了解孩子的兴趣和理想所在，通过描绘美好的愿景引导、鼓励孩子通过自己的努力实现自己的理想，只要坚定了孩子的信心，学习就会主动和积极。

你想当个飞行员，那好，你得掌握一定的知识才可以呀！那么就从现在开始为了你的远大理想，一起努力吧！

高情商家教思维

1. 怎样让孩子自觉地爱上学习?

_____

_____

_____

2. 如何帮助孩子克服学习过程中的惰性?

_____

_____

_____

3. 如何避免孩子学习中的厌烦感?

_____

_____

_____

4. 如何养成孩子自觉提问、善于学习的好习惯?

_____

_____

_____

_____

5. 知识中藏有孩子的未来,对于孩子的未来,你和孩子有什么长
远的规划与安排?

_____

_____

_____

_____

第八章

给孩子一片快乐的天空

让快乐伴随孩子左右

孩子快乐最重要。就身体发育而言，它能使人各方面机能达到最佳状况；就心理发展而言，它能给人积极向上的力量；就学习而言，在快乐的心境下才能使大脑处于积极的接收和运转状态，从而发挥出最佳的效果。

我们都喜欢天真烂漫、活泼欢快的孩子。可是，父母是否想过，孩子真的快乐吗？

孩子学习的动力、效率，身心的健康，个性的养成，都离不开快乐的生活。快乐对于孩子的成长非常重要！心理学家认为，快乐既是一种心情，也是一种"性格"。快乐的心情有起有伏，快乐的性格一旦养成便较稳定。

快乐的性格是可以培养的。教育专家们已找到培养快乐性格的一些要素，父母只要从这些方面着手，就可能培养出具有快乐性格的孩子。

1. 温馨幸福的家使孩子快乐成长

为了孩子，父母首先要做快乐的人。专家指出："出身于快乐家庭的孩子，长大后也比一般人快乐些。"快乐可能与遗传因素有关，但父母所缔造的快乐环境是孩子快乐的重要源泉。

如果家里乱七八糟，孩子会不希望小朋友来家里玩。井井有条的家会给孩子带来平和与满足。需要注意的是，温馨不代表干净过头，因为舒适才让孩子无拘无束，而干净过头只会给孩子带来束缚。

对于一个家庭而言，无论是每天共同进餐，还是一起庆祝生日或节日都是相当温馨的。过春节时包饺子、放鞭炮，过生日时切蛋糕、点蜡烛，周末全家外出晚餐，月末全家一起看儿童电影等，这些熟悉而亲密的仪式感都能赋予孩子生活的意义，加深家庭成员之间的感情。

另外，笑对孩子的健康非常有好处。有些父母喜欢在孩子面前保持严肃的形象，以为这样才有尊严。其实，多对孩子笑并不会失去父母的尊严，反而会让孩子感受到家中的舒适，和父母没有距离感。

2. 兴趣爱好是孩子永远的快乐

研究发现，全身心投入到一项充满挑战的任务中去，会给人带来很大的快乐。对于孩子而言，培养他的兴趣爱好，例如集邮、绘画等，让他投入其中，会让他很快乐。但这里的投入并非指给孩子安排满满的绘画课程或者舞蹈练习等，因为那样只会让孩子失去兴趣，失去因喜欢而带来的单纯的快乐。兴趣爱好不一定是某种竞技，却同样可以开发孩子的智力，更能让孩子从中体会到投入的快乐。

快乐的人可以从很多地方得到快乐。倘若一个孩子只能从一种事情上发现快乐，那是相当危险的。比如，某个孩子可能因为错过了他喜欢看的电视节目而整晚都不开心；但另一个兴趣广泛的孩子，他不会因为错过某个喜欢的节目而不开心，因为他从看书或游戏中也同样能自得其乐。所以，父母帮助孩子培养广泛的兴趣很重要。

3. 让音乐带给孩子快乐

父母都有这样的经历，有时听一首好歌会让人精神振奋，身心舒畅。音乐可以陶冶人的情操，古代的西方人甚至坚信音乐可以医治一个人肉体和心灵的创伤。现代儿童医学研究发现，给患病的孩子听他们喜爱的歌曲，可以减轻他们的疼痛症状。对于孩子来说，全家在一起唱唱歌、听听歌，往往能使他们感到快乐。

4. 引导孩子迅速恢复愉快的心情

快乐的人与其他的人一样也有情绪低落的时候，但他们却能很快地恢复过来。所以，父母要告诉孩子无论遇到任何困难，父母都在身边支持他，让他不会陷入一种低落的情绪不能自拔。同时，父母要教导孩子不屈不挠，帮助孩子掌握克服坏心情的方法。每个人都应该掌握应付坏心境的方法。父母应指导孩子做些能平复其心情的活动，如听音乐、看书、骑车、向朋友倾诉心声等。

5. 让孩子体会亲近大自然的快乐

对孩子来说，大自然充满了神奇的力量，无论是雨雪、白云，还是花开、叶落，孩子都可以从中发掘到很多快乐。亲近自然还可以培养孩子的各项感官能力、观察能力、反应能力。

专家研究发现，花工夫饲养小动物是值得的。因为当孩子感到担忧或害怕时，小动物的陪伴会让他们觉得安心。通过饲养小动物，孩子可以学会体贴和照顾他人，能感觉到自己的价值，成就感能使孩子快乐。

6. 教会孩子解决问题的技巧

引导孩子学会自己解决一些问题，这样可以让他们产生良好的自我感觉，能树立起信心，并且有了下次自己解决难题的勇气。

当他们遇到难题时，父母可以按下面的步骤教会他们解决问题的技巧：

（1）发现问题。

（2）让孩子描述出他想要的结果。

（3）引导他设计出要达到这个结果的步骤。

（4）让他自己想，哪一步他能够自己完成，哪一步需要别人的帮助。

（5）在他确实需要帮助的步骤上提供帮助。

7. 给孩子展示自己的机会

每一个孩子都有自己独特的天赋和技能，展示这些能给他们带来极大的喜悦。"妈妈，我给你讲一个故事好不好？"这时即使你在厨房做饭，也要满足他这个愿望，并适时地给予肯定：
"你讲得真是太棒了！"要知道，能和你分享他喜欢的这个故事，
对他是多么快乐。孩子的热情能通过与你的分享和你的肯定，转
化成良好的自尊、自信，而这些品质对他们一生的快乐都是最宝
贵的。

8. 给孩子提供决策的机会和权利

童年应该是一生中最快乐的时期。但实际真是这样吗？孩子
向来对一切事情都没有做主的份儿，不论是晚餐吃什么，还是家
里要买什么东西，他们都不能过问。孩子的童年都是在父母的控
制下度过的，所以，他们可能并不像成人所想的那么愉快。因此，
让孩子自由地做一些选择，是培养他形成快乐性格的一个重要
因素。

当然，父母在大多数事情上需要做主，但有些事让孩子做决
定也无妨。例如，听任2岁孩子吃黄瓜而不吃胡萝卜，或让6岁
的孩子从父母允许他看的电视节目中挑选一个来看。即使在这个
层次，孩子也会因为自己拥有选择权而感到开心。

9. 教孩子与人和睦相处

与人关系融洽是快乐的一个重要条件。尽管父母不能完全支
配孩子的社交生活，但却可以通过与孩子的亲近关系，引导他们
如何与人相处。

父母可以尽量安排孩子常与别的孩子一起玩，例如参加游戏
小组，或带孩子到游乐场去跟年龄相仿的孩子玩耍；要是能经常

邀约孩子的朋友到家里来玩，那就更好。父母还可以帮助孩子培养他设身处地为他人着想的态度。

10. 不要苛求孩子完美

孩子毕竟是孩子，各方面的能力有限，总有这样或者那样的不足，父母不可太过于追求完美。父母如果总是对孩子表示不满和批评孩子，会伤了孩子的自尊，使其失去自信。所以，下一次当你再要抱怨的时候，先想一下：这个过错是不是跟他们的年龄有关？十年后他们还会这样做吗？如果你的答案是否定的，就别再唠叨个没完。

让孩子从心里笑出来吧！快乐本来就应该是孩子最重要的情绪。

培养孩子开朗的性格

父母的性格会决定家庭的氛围，而家庭氛围会不由自主地影响其性格。在一个民主、欢乐、和睦、文明的家庭环境里，孩子才会情绪稳定、感情丰富、自信心强，可能会形成开朗的性格。

谁都喜欢开朗的孩子。开朗的孩子总是情绪良好，笑口常开；开朗的孩子不小心眼，不爱生气；开朗的孩子善于与人相处，不孤僻……显然，开朗是一种良好的性格，有利于孩子的身心发展。

孩子的天性是快乐的、活泼的，为什么会有不开朗的孩子呢？

一般来说，孩子畏缩、不合群、不开朗的原因主要有以下几点：

（1）父母望子成龙心切，对孩子要求过高、过严。

（2）孩子胆子小，不够自信，不善于表现自己。

（3）孩子生活很闭塞，几乎没有朋友，整天处于孤独沉闷之中。

（4）父母不开朗，使得家庭氛围没有生机和活力，直接影响了孩子。

那么，如何解决这些问题，使孩子拥有开朗的性格呢？教育专家们给父母提出了如下几点合理化的建议：

1. 给孩子一定的自由民主

父母要满足孩子的归属感，使孩子感到被爱、被尊重，不要盲目按照自己的意愿去安排孩子的活动，要保留孩子对合理要求的选择权。孩子在自由、民主的环境中才会心情轻松愉快，言语无拘无束，有什么想法都敢于、乐于同父母交流，也就容易形成活泼开朗的性格。

父母应根据孩子的不同需要，给他们提供更多的选择机会，尽量避免呆板的说教，并通过与孩子之间的互动，促进孩子个性更好地展示与发展。父母不要过多地干涉孩子，规定孩子必须干什么、怎么玩、达到什么强度等等。这样很容易打击孩子的积极性，使孩子变得唯唯诺诺、不敢表现。

2. 引导孩子建立和谐的人际关系

不善交际的孩子大多性格抑郁，生活中可能会感觉到孤独痛苦。性格内向、抑郁的孩子更应多交一些性格开朗、乐观的同龄朋友。

如果说父母是孩子性格的第一位影响者，同龄小伙伴则是孩子形成良好性格、学会与人分享的良师益友。因为，在与自己的同龄人交往时，孩子会全身心放松、无拘无束，容易形成和保持良好的心境。当孩子在社交中表现得合群时，父母要及时鼓励、强化，这样会对孩子形成开朗的性格有所帮助。

对于性格偏内向的孩子，父母应鼓励他们"走出去"，多到同龄小朋友的家里做客，也可以为孩子"请进来"，邀请孩子的小伙伴到家里来玩。孩子当小主人时，一般都会兴奋、喜悦，会主动带小伙伴参观家里，忙里忙外地招呼自己的小客人，这样在不知不觉中就增强了他们的自信心，对塑造他们开朗的性格极其有益。

另外，父母还要教会孩子与其他年龄段的人融洽相处。父母可以带孩子接触不同年龄、性别、性格、职业和社会地位的人，让他们学会与不同的人融洽相处。此外，父母自身更应与他人相处融洽，热情待客、真诚待人，给孩子树立起好榜样。

3. 信任和认可孩子

孩子不开朗，不敢大胆表现自己，可能是因为缺乏自信心。孩子的自信来源于父母对他的信任、认可与诚挚的鼓励以及孩子成就感、自豪感的体验等。

要使孩子有自信，父母首先要对孩子充满信心，认为他能行。父母要注重自己的言行，试着用鼓励的微笑驱散孩子的自卑，用信任的目光消除孩子的胆怯，用慈爱地抚摸赞赏孩子的进步。孩子在父母的信任和认可下，看到自己的点滴进步，会建立起对自己的自信。

父母还应从发现孩子的优点入手，及时给予肯定和鼓励，不断强化其积极向上的心理。即使孩子出现失误、错误，父母也不要一味地训斥、批评，这样会使孩子更紧张、胆怯。我们应该微笑着对他说："没关系，再来一次！""加把劲，会成功的。"

有时孩子因害怕自己不成功，而不敢表现自己，父母应该给孩子制造机会让他展示自己。父母针对孩子的实际能力，适当降低标准去要求他、鼓励他，会使孩子从不难获得的成功体验中获得自信，并争取更大的进步。

4.给孩子营造开朗的家庭氛围

家庭的气氛、家庭成员之间的关系在很大程度上会影响孩子性格的形成。一个充满了敌意甚至暴力的家庭，是绝对不可能培养出性格开朗的孩子的。

父母要为孩子提供一个愉快、宽松的成长环境。父母的情绪愉快稳定，会感染孩子。父母要根据孩子的年龄特点给予孩子所需要的爱，这种爱不仅能培养孩子的愉快情绪，而且是其人格建构中不可缺少的组成部分。

有研究表明，孩子的性格与父母的性格有着密切关系，因为父母的性格会潜移默化地作用于孩子，父母的性格也会决定家庭的氛围，也会极大地影响孩子的性格。为此，父母要注意以自己的开朗去影响孩子。

5.父母的言行影响孩子的性格

孩子在适应家庭环境的过程中，常以父母为最直接的模仿对象，并以此形成自己的心理定式和性格特征。孩子对父母的态度特别敏感，父母的言行举止足以影响孩子的情绪、意志和行为，久而久之会内化为孩子的性格。父母开怀大笑，孩子就会高兴得手舞足蹈；父母怒气冲天，孩子就会吓得胆战心惊。所以，父母要保持常态的、稳定的情绪，即使心情不好，也不要将情绪发泄到孩子身上，而要在孩子面前做到乐观豁达，以便对孩子产生潜移默化的良性影响。

父母对孩子表达爱意的方式也会影响孩子的性格。对小婴儿的爱可以外露，使他感受到父母的疼爱和保护。对两三岁的孩子，既要平等严肃，又要呵护有加，这样孩子才能快乐、自信、开朗，而且独立性强。此外，有研究发现，孩子与父亲接触的机会越多，性格就会越健全。所以，父亲要尽可能多地抽出时间和孩子一起玩耍，多陪伴孩子。

6. 引导孩子释放不愉快的情绪

在日常生活中，不可能完全避免孩子不愉快情绪的产生。当孩子有不愉快的情绪时，父母要引导孩子通过适当的途径来释放它。大多数孩子在与小伙伴玩时会感到愉快和欢乐，因此父母就可以多为孩子创造这样的机会，帮助孩子释放不愉快的情绪，也可设法转移孩子不愉快的情绪，避免长时间陷入不良情绪中。

比如，父母可以让孩子参加运动，让孩子玩玩游戏，陪孩子聊天，等等。

教育要深入孩子心灵

要想和孩子做朋友，首先要明确他们心中所想，了解他们的各种想法和需求，并善于借助孩子熟悉的事物对其进行教育引导。

1902 年 5 月 28 日，童第周出生于浙江省鄞县。他自幼就有很强的好奇心，遇到自己不懂的问题都会问父亲，聆听父亲耐心的讲解。

有一次，童第周看到屋檐下的石阶上有一排小坑，排列得整整齐齐。他不明缘由，找父亲询问："父亲，是谁把屋檐下的石板上敲出来小坑的？怎么做到的？"父亲见儿子很好奇，耐心地说："这是水滴的力量。"深觉奇怪的童第周想，水怎么能把坚硬的石头敲出坑呢？父亲解答道："一滴水自然不能做到，但若点点滴滴连接，不断地敲，就可以敲出一个洞了！这叫滴水穿石。"父亲的讲解在童第周幼小的心里留下了深刻的印象。

繁重的农活使童第周对学习不太感兴趣，不愿上学了。父亲语重心长地说："难道你忘了滴水穿石了？小小的檐水只有坚持不懈，日积月累，石头才能被凿出洞。难道一个人的恒心都比不上屋檐的水吗？知识也是要坚持不断地积累才能厚积薄发的。"为了鼓励童第周好好学习，父亲将滴水穿石四个字写于纸上送给了他。终于，童第周考取了效实中学，成了倒数第一的插班生。对于这个成绩，童第周伤心地流下了泪水……很快，他调整心态，熄灯后独自在昏暗的路灯下学习，全身心投入到学习中去。

童第周长大后成为我国实验胚胎学的主要创始人，一生都在不辍地研究。在他的领导下，这项研究工作居于国内外同类研究的先进行列。

对正处于成长阶段的孩子来说，他们对客观事物的认识往往只停留在肤浅层面上，看到的、想到的都很直观，这是孩子成长阶段的特点。父母应当作教育的有心人，把不好理解的事转化成孩子的语言解释给孩子听，这样孩子就容易心领神会，从而帮助孩子理解记忆。父母要学会指物为寓，要调动思维，捕捉能够让孩子感动的情境；父母可以通过回忆和讲述自己孩提时的各种体验，让孩子产生共鸣。只有深入孩子的心灵，教育才会发挥持久的作用。

该放手时就放手

《爱的艺术》一书中提道："父母的真爱表现在放手上，在让孩子感受家庭温馨的同时，培养孩子独立自立的能力，使他们拥有主见。对孩子，更多的应采取以理服人的方法，而不能靠宠或训来调教。"

有人曾在某小学对学生做了一项调查：有了困难该如何？选择寻求父母和老师帮助的孩子，竟高达97%。由此可见，孩子大多自主性差，依赖性强。这种现象是因为父母总为孩子安排好一切，使得孩子们丧失了自己动手实践的机会。

想要改变这种状况，就要还给孩子处理事情的自主权力，教会他们自己解决问题。在孩子遇到困难时，父母不要凡事都简单地给孩子"答案"，应让他们有机会自己去处理那些让他们感到麻烦的事情。

明明把足球踢到了树上，他找到爸爸小王帮忙把球弄下来。

小王看起来十分为难。他说："树太高了，我够不到，怎么办？"听到这里，儿子明明的眼睛开始转动。

明明灵光一闪，说："我们可不可以晃动树让球掉下来？"

"可是，我们应该爱护树木，不能这样做啊。"小王说。

"那么，咱们可以用一根长杆子把球捅下来。"明明说。

小王沉思片刻，说："可是，家里没有长杆子啊？"

明明说："欢欢家有，我们可以去欢欢家借啊。"

如今，很多孩子都生活在父母的保护伞下，一旦离开父母的怀抱，孩子就无法生存。父母的过度保护使孩子失去了创造性，而且也阻碍了孩子个人能力的发展。因此，父母应该学会让孩子自己独立完成一些事情。这除了有利于培养孩子的独立生活能力之外，还有利于增强他们的自信心和责任感。

一位7岁孩子的母亲打电话到一家儿童教育咨询中心抱怨孩子很叛逆，母子经常为穿衣的事情起冲突。父母主动为孩子买了很多新衣服，可孩子好像并不领情，只喜欢穿其中的一套衣服。衣服脏了，她拿去洗，孩子早上起来找不着，就开始大哭大叫。明明买了那么多衣服，还这样大哭大叫是为什么呢？最后得出的结论是孩子就喜欢跟她作对。当专家问孩子为什么只喜欢穿那套衣服时，孩子说只是因为那套衣服软，感觉舒适，所以才喜欢穿，就是这样简单。

这个问题的关键是谁来决定孩子买什么样的衣服、穿什么样的衣服。当孩子生活还不能完全自理时，父母可以一手包办。当孩子可以自理时，父母要适当给予孩子空间，在孩子力所能及的范围内，让孩子自己去处理，不要去干扰。父母可以让孩子从小事做起，慢慢地让他们自己去处理一些有难度的事情。例如，让孩子去楼下商店买馒头，自己只需远远观望就可以了；父母可以提议让孩子按照自己的想法整理自己的房间……孩子在做这些事的时候，难免会犯错，甚至还会惹出一些麻烦。这时，父母可以给予一些支持，切记不要替他完成。孩子是未来的希望，他们终将独当一面，独立地面对所有问题。父母无法陪伴孩子一生，唯一能给予孩子的就是培养孩子独立解决问题的能力。不必回答孩子的每一个问题，应该引导孩子，让他们自己思考、自己动手解答问题。例如，当孩子做题遇到困难时，虽然父母没必要手把手地指导，但可以尝试提醒孩子换个思路。"从另一个角度来考虑这道题会不会更好？"以此来引导孩子的探究意识。

孩子的天空属于孩子自己

　　成年人漠视未成年人的权利，这是教育最大的失误。陶行知曾说过："育人如种花，要先把握特点，依具体情况予以施肥、浇水和培养，称作因材施教。"

　　许多父母对孩子寄托的期望太大，甚至把自己的愿望强加给孩子。但是，他们忽略了作为父母首先要做的是为孩子适当地减压，并不断激励孩子，让孩子以一颗平常的心面对紧张的学习生活。

　　因为各种原因，父母总有自己的遗憾。有些父母在年轻时没能实现的心愿，总是希望自己的孩子能替自己去实现。

　　事实上，如果父母只是一味按照自己的意愿来行事，违背孩子自己的兴趣爱好，只会导致孩子对任何科目都没有兴趣，更甚者还会毁了孩子。

　　曾经有这样一幅漫画：小羊在弹琴，一只大灰狼龇牙咧嘴地站在旁边，旁边的对话框写着"你必须一直弹我爱听的曲子"。

　　当今，这样的情景屡见不鲜。父母以爱之名对孩子横加干涉，根本不以孩子的特点以及兴趣爱好为出发点，只是一味地强迫孩子上各种各样的学习班，还觉得是为了孩子的发展。

然而，请父母冷静下来想一想：你为他做的人生规划真的是他想要的吗？

父母都望子成龙。在孩子年幼的时候，有的父母想得很长远，给孩子的一生都做好了规划，但这往往忽略了孩子的实际情况，效果自然不佳。

在《我们现在怎样做父亲》一文中，鲁迅说："父母对于子女，应该健全的产生，尽力的教育，完全的解放。"这里提及的"完全地解放"，即不要把孩子的"手脚"束缚住，敢于放手。相对于孩子，完全不给他施加一点点压力也是不行的，让孩子独自发展的同时，也要适当地将孩子往健康发展的方向引导。

爱迪生从小就好奇心很强。他看到气球充满气体就可以飞，便找来发酵粉，劝那些想上天的同学吃。谁知那些同学吃了之后肚子疼得在地上打滚。校长对此十分恼火，说："又是你，我要开除你！"他的母亲没有责备孩子，反而怒气冲冲地对校长说："你们根本就不了解他，他是好奇不是捣蛋。既然你们不懂得教育，那么我就亲自教育他。"母亲把爱迪生领回了家。

回到家之后，他的母亲亲自给爱迪生上课，并支持他做各种实验。

校长把爱迪生开除了，让很多人以为爱迪生已经无可救药了。但是，他的母亲对孩子的优点及长处非常了解，母亲引导爱迪生成为了天才。

专家指出：应该视未成年人为积极主动的权利主体，不能剥夺未成年人的权利。只有在尊重未成年人权利主体地位的前提下，他们才能健康发展。

对孩子的特点抱以期待

当孩子发现和感悟生活中的点滴时，父母应该积极引导，使微小的感悟扩大成动人的闪光点，这样做既能维护其信心，又能因势利导地逐渐培育他们的认知力和判断力。每个孩子都有各自不同的性格特点，在人前的表现也各不相同。面对不同性格的孩子，父母要有耐心，要了解孩子的内在潜力，对孩子的特点满怀期待，做到因材施教，切记不可主观轻率地下定论，这样最容易打击孩子的积极性和自信心。

约翰先生的儿子卡特自幼就对周围充满了好奇。两三岁的卡特已经能念书写字了，并且展现出非凡的才华。许多人断言这孩子将来一定能成就一番大业。他不仅拥有骄人的天赋，而且还喜欢与人分享快乐。他这种乐观外向的性格让他的父亲感到非常不满。约翰先生经常告诫儿子，不要锋芒毕露，不要自以为是。

"你又高喊什么？"某天，卡特正高兴地开怀大笑时，约翰先生气愤地呵斥着。

"因为我刚刚读了一本书。"卡特激动地说。

"这很容易做到，用得着这么高兴吗？"约翰先生不以为然。

"这书很难，我能读完它，我真的感到很开心。"卡特眼巴巴地看着爸爸，似乎正在期待着父亲的表扬。

令人意外的是，约翰先生竟然发怒了，他不能忍受孩子的"聒噪"。他生气地说："你怎么总是手舞足蹈的？读本书很厉害吗？我看你这个孩子真是骄傲自大。你还妄想得到我的表扬吗？告诉你，你永远都得不到我的表扬！"

"我怎么了？"卡特受到父亲的责骂后，委屈地说道。

"你是没错，可我告诉你，不要不停地讲话，那样糟糕极了。"约翰先生对孩子说，"你不要自认为是个天才，你不是。我再也不要听到你的炫耀了。你这是自欺欺人，愚蠢至极。"约翰先生愤然离去。

从此，另一种东西取代了约翰的快乐和自信，"我是个蠢货"这种心理暗示始终埋藏在他的内心深处。

之后，卡特脸上的笑容就消失了。这个原本天赋异禀的孩子最终一无所成。

读了这个故事之后，在为小卡特感到惋惜的同时，你是否认识到了家庭教育的重要性呢？所以，父母对孩子要因材施教，要给予孩子更多的鼓励，切忌以父母自身的喜好对孩子的行为妄加评论、干涉；同时也不应把自己的想法强加于孩子身上。

一位表演家马上就要上场了。这时，他年轻的徒弟告诉他鞋带开了。他认真地听从，然后系好鞋带道谢。年轻人走后，他又蹲下来解开鞋带。一位旁观者不解地问："先生，您为什么又要解开自己的鞋带呢？"他笑着说："松开鞋带有利于角色扮演，能把他长途跋涉的劳累疲惫表现出来。"

"那你为什么不直接告诉刚刚那位年轻人真相呢？"

表演家说："他发现我的鞋带松了，说明这个孩子很细心，告诉了我，说明他很关心我，我不能打消他这种热情。至于又解开鞋带的原因，我会另找机会告诉他。"

能够正确表达是非观点，这才是真正的智者所为。在父母的眼里，自己的孩子永远最棒；在孩子心中，爸妈的鼓励和赞美也是最能让他感到骄傲和自豪的。或许过去害羞的孩子今后会成为一颗恒星，或许今天优秀的孩子明天会成为一颗流星陨落。这很大程度上取决于父母的教育和引导。只有因材施教，孩子才能成长为真正的英才。

◇ 营造快乐的氛围 ◇

给孩子展示自己的机会，每一个孩子都有自己独特的天赋和技能，展示这些能给他们带来极大的快乐。

你讲得真是太棒了！

妈妈，我给你讲一个故事好不好？……

欢迎你们来和小明一起玩耍！

叔叔阿姨好！

引导孩子建立和谐的人际关系，如果说父母是孩子性格的第一任老师，那同龄小伙伴则是孩子形成良好性格、学会为人处事的最好的老师。

孩子，你已经努力了，我们为你的表现骄傲！

对孩子不要苛求完美，接受自己的孩子，让孩子从心里笑出来吧！快乐才应该是孩子最重要的情绪。

来，喝口水，休息一下！爸爸也为你今天的顽强意志感到骄傲！

高情商家教思维

1. 如何培养一个性格快乐的孩子?

_____

_____

2. 为什么孩子的性格会不开朗?

_____

_____

_____

3. 为了孩子健康成长,父母应该创造什么样的家庭环境?

_____

_____

_____

4. 你的家庭教育走进孩子的心里了吗?

_____

_____

_____

5. 如何放手,给孩子一个自由的成长天空?

_____

_____

_____

6. 本书给你有益的启示是什么?

_____

_____

_____